日本衆愚社会

呉 智英
Kure Tomofusa

小学館新書

日本衆愚社会

目次

第二部 ● 俗論を疑え

文革で新聞が混乱
季違いじゃから
大学に通う生徒たち
この日なんの日
憎しみの名曲
リボンとボタン
成果は何だ!?　これだ!!
法治主義という麻薬
反共主義者から学べ
「差別認定」の愚行
被差別者側が謝罪!?
奴隷「保護」とニーチェ
見識ある復刊
人口問題と国際化
ロシヤ革命か反革命か
リンビャオって誰？

まえがき

今では誰も読まなくなった小説家に中野重治《しげはる》がいる。詩人でもあり評論家でもあり政治家でもあった。戦前は非合法下の共産党員だったが獄中転向し、その葛藤と苦悩を小説に書いた。戦後共産党に再入党するも、部分核停条約に反対する党を批判して除名されている。小説や詩とともに、こうした生き方が同時代の読者を惹きつけた。

しかし、五十年前の私の学生時代、まわりに中野重治を愛読する者は既に多くはなかった。私も全くといっていいほど読んでいない。しかし、一つだけ短い詩が好きである。文学全集のたぐいに収録されているのを偶然読み、暗記した。ごく短いから簡単に暗記できた。

真夜中の蝉

真夜中になって
風も落ちたし
みんなねてしまうし
何時ごろやら見当もつかぬのに
杉の木のあたりにいて
じいっというて鳴く
じつに馬鹿だ

この世に蝉を罵倒した詩があろうとは、私は二十歳になるまで知らなかった。しかも簡潔直截《ちょくせつ》に「じつに馬鹿だ」。この怒《おこ》りん坊ぶりが気に入った。間抜けな蝉ごときに、この怒り方。しかし、文学史や文芸評論を読むうちに、この詩は蝉を罵倒したわけではないと知った。戦争が近づいているのに、思想統制が進んでいるのに、言論弾圧で息苦しくなっているのに、誰も声を挙げようとしない。やがてすっかり真暗な世の中になってから、見当はずれな場所で悲鳴のような鳴き声を挙げている。「じつに馬鹿だ」。この詩にはこういう意味が込められているという。

そういわれればそうかもしれない。なるほどこの吐き捨てるような侮蔑感は、たかが蝉に向けたものとしては激しすぎる。あの時代の知識人、言論人への苛立ちが感じられる。

ひるがえって、現代はどうか。

戦争は、少なくとも侵略戦争は加害者としてはそう簡単に起きそうもなく、欺瞞的な平和が続いている。思想や言論は、偽善的な人権主義が拡がる中で、かえって統制が強くなっている。重要な古典さえ「免責注」がなければ刊行できない。本論で詳述するが、きだみのる『気違い部落周游紀行』はこの書名では免責注の付けようもなく、存在そのものがなかったことにされている。

その一方で、ネットなどでは右側の、また左側のフェイク情報が流れ、さらには中立のフェイク情報さえ「良識」として流れる。所持免許不要の銃砲を万人が持ったようなものだ。

こうした情況下、知の溶解は進み、知識人、言論人の劣化も著しい。かくして衆愚社会が出現しつつある。二十世紀中に何人かの賢者が警告を発していたけれど、新聞で放送で明るく語られて幕を開けた二十一世紀がこんな風になるとは、誰も思わなかった。偽善。欺瞞。疑惑。**ざわ、ざわ、ざわ**。とどのつまりが、蟬の悲鳴にもならない不安のざわめきだ。

知識人たるもの、言論人たるもの、ここで正鵠《せいこく》を射た暴言を発しなければならない。「じつにバカだ」と。

本書は「週刊ポスト」に隔週連載中の時評コラムの二〇一六年二月十二日号から二〇一八年六月一日号までの全五十回分と過去五年間の他誌掲載時評から選んだものを収録している。文末に日付のみで誌名がないものは「ポスト」連載である。小さな修正を加え補論が付してある。

第一部

ポピュリズムを超えて

「利便性」の「無遠慮」

二〇一六年一月九日付朝日新聞の「天声人語」がおかしなことを書いている。衆院予算委で自民党の新藤義孝議員が「平成二十八年、伝統的な数え方では皇紀二六七六年」と発言したのがけしからんというのだ。和暦の年号（元号）は大化以来千四百年の伝統があるのに、たかが明治以来の皇紀を伝統的だとするのがけしからん、と言いたいのかと思ったら、そうではなかった。自民党の「復古志向」、それも「無遠慮」なところがけしからんというのである。

自民党の復古志向なるものは、確かにあると言えよう。だが、無遠慮って、何がどう無遠慮なのだろう。異なる歴史観を持つ野党、さらには近隣諸国に対して無遠慮だということらしい。

どうも、天声人語は紀年法（暦数の方法）ということが分かってないようだ。

日本では伝統的に年号が使われてきた。ただ、年号は明治までは数年ごとに変わったし、明治以降は一世一元制になったけれど、それぞれに年数が違うため、通歴計算が難しい。そこで通しの紀年法が必要とされ、皇紀が定められた。

皇紀は神武紀元とも呼ばれるように、神武天皇即位の年を皇紀元年としている。もちろん、これは神話に基いている。

それなら、天声人語が奨励しているらしい西暦はどうか。

西暦はキリスト教暦とも言うように、キリスト生誕年を西暦元年としている。そのキリスト生誕年も、歴史学者の多数はBC四年説を採る。そうすると、キリスト生誕はキリスト生誕の四年前、というおかしなことになる。それで別段問題が起きないのは、これがもともとキリスト教神話に基いているからである。神話なのだからしかたがない。

皇紀だろうと西暦だろうと、宗教基準なのである。

私はキリスト教徒ではなく、日本神話も信じていないけれど、通常、西暦を使用している。それは通歴計算に便利だという「利便性」の一点である。皇紀を使わないのは、通歴計算に便利だとはいえ、欧米の歴史と比較する利便性がないからである。

これは英語学習と同じである。事実として経済的にも外交的にもアメリカが覇者であるから、英語が優勢言語であり、その学習が奨励されるのであって、英語が「正しい言語」だからではない。あくまでも利便性の故である。西暦も同じく「正しい紀年法」であるはずがなく、キリスト教文化圏が優勢である以上、利便性が高いからにすぎない。むしろ「無遠慮」なのは、西暦の方であり、それを奨励する方なのだ。

世界中には、西暦を使用しない国も多い。東南アジアには仏暦を使用する国々があるしイスラム国ではイスラム暦が使われている。

二十一世紀に入って、イスラム勢力の「反攻」が目立つ。万一彼らが勝利して、イスラムの世界制覇が実現したら、天声人語はそれでも「無遠慮」にキリスト教暦を奨励するのだろうか。私は利便性の前に膝を屈し、涙を飲んでイスラム暦を使うつもりである。

（二〇一六・二・十二）

〔補論〕

少し古くなるが、二十一世紀が始まったばかりの二〇〇一年一月三日の「天声人語」も紀年法について書いている。そこでは論調がかなりちがう。

「〔今日は〕二十一世紀になって三日目。しかし、世界中の人が『二十一世紀』と騒いでいるわけではない」「イスラム暦では一四二一年十月七日」「ユダヤ暦は『天地創造』を元年とし、きょうは五七六一年四月八日だ」「コプト教徒が用いるエチオピア暦だと一九九三年四月二十五日」「タイの仏暦によれば二五四三年十月九日」「という具合で、世界はまことに広い」

どれもが程度の差はあれ「復古志向」であり、近隣諸国に対して「無遠慮」である。そう、「世界はまことに広い」のだ。日本の紀年法が元号であれ皇紀であれ、異常なまでに復古志向であったり、厚温無恥なほど無遠慮であるわけではない。二〇一六年の「天声人語」は世界の広さを知らないのである。

我々が今普通に使っているグレゴリオ暦だって、ローマ教皇グレゴリウス十三世が定めた暦法であり、キリスト教由来の暦法である。さらに遡《さかのぼ》ればギリシア神話に至る。曜日の名称、また一週間という単位、月ごとの日数の不揃い、これらは全部神話、宗教、皇帝名起源である。現「天声人語」はなぜこれには疑義を呈さないのだろう。

小保方元博士を潰すな

小保方晴子元博士の手記『あの日』（講談社）が話題になっている。私も一読して、主張の真偽はともかく、元博士は芯の強い人だなと感心した。いや、芯が強いというより〝天然〟という印象さえ受けた。「私は誰かを騙そうとして図表を作成したわけでは決してありません。一片の邪心もありませんでした」と書いている。二〇一四年、元博士が初めてマスコミに登場した時、日本中が熱狂した。美人すぎない程度に美人、裏技とも言うべき割烹着の着用、研究室のピンク壁。これらは演出ではなく〝天然〟だった。邪心がなかったからこそ輝いていたのだ。

『あの日』の出版をきっかけに小保方元博士へのバッシングが再燃している。よく言われることだが、日本はつくづく人材を活用できない国だなと思う。元博士のような逸材を潰して、どうするのか。

私は前から、どこかの研究所が小保方元博士を抜擢しないかと考えていた。そこである程度の実績を挙げさせた後、外国の研究所に送り込む。その外国とは、日本に軍事挑発を仕掛けてくる国々である。某国や別の某国だ。遠からず、その研究所は元博士の活躍によって大きな打撃を受けるだろう。現に日本の理研は、国際的に名声を傷つけられ、元博士の再検証実験のために莫大な出費を強いられ、ノーベル賞候補と言われた学者まで亡くした。謀略論者なら、どこかの国が裏で糸を引いていたと騒ぐところだ。私は謀略論には与《くみ》しない。ただ、日本こそ謀略を使うべきだと思う。兵戈《へいか》を交える戦争に比べ、巧みな謀略は最小限の犠牲ですむ。

小保方元博士を使う謀略だなんて、お前はマンガの読みすぎじゃないか、という声が聞こえてきそうだが、私はマンガも読むしマンガ以外の本も読む。

二〇一一年、対ナチスの謀略戦を描いたノンフィクションが続けて二冊翻訳された。マンガ評論を仕事の一つとする私が言っちゃいけないが、マンガよりマンガ的で、マンガよりもっと面白い。

一冊はD・フィッシャー『スエズ運河を消せ』(柏書房)。砂漠のキツネ、ロンメルと闘うために手品師を抜擢するのだ。手品でニセの戦車やニセの街を作り出し、手品でスエズ運河を消す。手品師に翻弄されたナチス軍が大敗を喫するのだ。実話である。

もう一冊がB・マッキンタイアー『ナチを欺いた死体』（中央公論新社）。ナチスにニセ情報を掴ませ、ナチス軍を無関係の方向に移動させる作戦である。そのため、墓場からいかにも高級将校らしく見える遺体を掘り出し、ニセの機密文書を携帯させ、そっと大西洋に流すのである。むろん、ナチスだって簡単には騙されないから、虚々実々のかけひきがある。ノルマンディー作戦の成功の裏には、こんな謀略があった。

史記に「鶏鳴狗盗《けいめいくとう》」の故事がある。鶏の鳴きまねが上手な者や狗《いぬ》のように盗みが巧みな者を活用する話だ。適材適所である。小保方元博士にはまだまだ活躍してもらいたい。一億総活躍社会って、こういうことだ。

（二〇一六・二・二十六）

［補論］

小保方晴子元博士関連の一連の騒動の後、いくつもの検証記事やドキュメントが出たが、それでもなお小保方元博士犠牲者説を唱える人たちがいる。理研内部の権力抗争の結果、こんな悲劇が起きたというわけだ。そう思わせるだけの特異な才能が元博士にはある。それを生かすことができるような社会になってほしいと、私は言っているのだ。

しかし、事態は悪い方に動きつつある。

二〇一八年五月十七日号「週刊文春」の巻頭グラビアページ「原色美女図鑑」に小保方元博士が登場し、恐るべき魅力を発散している。読者にも大変好評だったようだ。これを機にニュースキャスターや科学レポーターとして抜擢しようというテレビ局などがある、との話も飛び交っている。どうしてこれほどの逸材をそんなに小さくしか使えないのだろう。

正確な名前はうろ覚えだが、炎症だか腫瘍だか化膿だかという名前の美人姉妹が国家の外交戦略機関で仕事をしている、という噂を聞いたこともある。小保方元博士も国家レベルで活躍してもらいたい。

白人系大統領オバマ

二〇一六年二月十七日の参院憲法審査会で自民党の丸山和也議員がおかしな発言をして批判を浴びている。アメリカでは黒人の血を引くオバマが大統領になっている、奴隷の子孫である、というのだ。この発言の真意がよく分からない。黒人差別の意図があったのか、奴隷の子孫でも大統領になれる国だという意味だったのか、それとも、ただ何となくこんなことを言ったのか。結局、おざなりの陳謝をして幕引きになりそうだ。

そもそも、オバマ大統領の実父はケニアからの留学生であり、アメリカの黒人奴隷の子孫ではない。丸山発言に差別の意図がなかったとしても、奴隷や黒人問題について無知のそしりは免れない。そして、日本人全体がこの問題について無知であることの象徴でもある。

黒人奴隷については、いずれ改めて論じよう。今回は、オバマ大統領が米国史上最初の黒人系大統領である、ということについて考えてみたい。

オバマが大統領になった二〇〇八年、私は某大学で比較文化論の講義をしていた。ちょうどよい題材だと思って、新聞のコピーを学生に配り、オバマ大統領を黒人系だとすることに、君たちは疑問を感じないかと質問してみた。

学生の一人が手を挙げた。黒人系ではなく、アフリカ系と言うべきじゃないでしょうか。

そんなもの、同じだろ。アフリカのサハラ以南の原住民は黒人じゃないか。それに、黒人解放運動とは言うが、アフリカ系解放運動とは言わんぞ。

また一人が手を挙げた。オバマ大統領のお父さんがアジア系だと聞きました。

それはお母さんの再婚相手。オバマの継父の話だ。

しばらく誰も手を挙げない。やがて、一人がおずおずと手を挙げた。オバマ大統領は黒人系ではなく、白人系ではないでしょうか。

その通りだね。正確には黒人系であると同時に白人系でもあるのだ。彼は白人・黒人の混血だからね。彼がもしケニアで大統領になったら、ケニア初の白人系大統領と呼ばれるだろう。アメリカでオバマが黒人系と呼ばれるのは、アメリカでは大統領は白人が当然だという通念があるからだ。この通念が黒人差別の上に成り立っているのは言うまでもない。

だが、ケニアから見れば逆にオバマは白人系になるのだ。アメリカ標準が世界標準ではないんだ。文化の相対性を学ぶことが比較文化論の眼目なのだよ。

今、私はオバマは「混血」だと言った。しかし、テレビでも新聞でも「ハーフ」と言い換えている。「ダブル」という再言い換えさえ進んでいる。こんなところにもアメリカ標準、英語標準が表われているんだ。「混血」は忌まわしい言葉だけど「ハーフ」「ダブル」は美しい言葉だなんて、それこそ日本語という文化に対する差別じゃないか。

現実に、優勢な言語、劣勢な言語はある。私も便宜的にオバマは黒人系大統領と言うよ。でも、それはアメリカ標準にすぎないことは自覚していなければならない。我々は、異文化についても自国文化についても無知なんだよ。

以上、本日の講義終わり。

（二〇一六・三・十一）

〔補論〕

「ハーフ」に対する批判は、「半分」とはけしからん、というものだった。それなら英語表現なんてやめて、言論抹殺された「あいのこ」を復活させればいいではないか。「あいのこ」は通常「合いの子」と書く。二つのものが合わさるという意味だから「ダブル」と同じだ。「あいのこ」は「間《あい》の子」とも書く。「合」と「間《あい》」は同原の言葉である。international（国際）のinterは「間《あいだ》」という意味だ。「あいのこ」は正に「国際的な子」ということである。

戦後ほどない頃、評論家の加藤周一は「雑種文化論」を唱えた。戦前の日本主義への批判から日本文化の雑種性crossbred≒halfbredを説いたものである。

加藤が言うまでもなく、歴史の黎明期に日本は支那・朝鮮から大きな文化的影響を受け、それを融合させて日本文化は形成された。漢字の流入とその日本化が典型である。「混血」と「合いの子」の併用は、漢語である前者が公的空間で使用され、和語である後者が私的空間で使用される。漢語は知識層の使う書き文字だからでもあり、漢字の「表意性」によって意味の輪郭が明確になるからでもある。明治以後西洋から輸入された学術用語が漢語に翻訳されてきたのには、そのような理由がある。

これに対し、英語への言い換え強制には卑屈な欧米コンプレックス、さらには言語帝国主義への屈服が感じられる。言葉狩りを進める連中の精神構造がよく表われている。

「自由」という特権

室井尚《ひさし》『文系学部解体』（角川新書）が話題になっている。文科省の目指す「役に立つことだけを学ぶ大学」によって「文系学部の解体」が進み「大学はこのまま終わるのか」と怒りを表明した本だ。かねてより文系学部全廃論を唱えている私としては愚論としか評しようがない。十八歳人口の五割以上が大学へ進むという歴史上かつてない時代が到来している意味を、室井は全く理解していない。

私は「役に立つ」工学系大学で「役に立たない」一般教養を長く教えてきた。テーマは『はだしのゲン』である。むろん、平和教育なんていう役に立つことは全く教えない。M・バークン『災害と千年王国』だの荻生徂徠《おぎゅうそらい》『論語徴』だの、何の役にも立たないことばかり講義する。多くの学生は困ったなぁという顔で聞いているのだが、時々目を輝かして聞き入る学生がいる。しょうがないので講義の後喫茶店に誘い（私のおごりで）、あのなぁ、俺の講義を面白がるのはいいけど、面白いことで飯は食っていけんのだよ、ちゃんと電気工学の勉強しろよ、と説教する。

室井尚の授業は正反対だ。学生にアドルノ&ホルクハイマー『啓蒙の弁証法』を読ませるというのだ。知りあいのドイツ人学者に聞いたが、アドルノはドイツ人でも難しいデス、と言っていた。アドルノらは衒学《げんがく》左翼とでも評すべき難解思想家なのである。それなのに一人の女子学生は「完璧な要約を書いてきた」。ところが彼女は「地元の信用金庫」に就職を決めた。私なら胸をなでおろして喜ぶのだが、室井は「もっと自分の能力の活《い》かせる職場に挑戦しないか」と残念がるのである。

そんな職場って、室井尚のような大学教員しかないではないか。結局、衒学左翼アドルノを研究する教授の椅子をふやさなければならない。それができないとなると、アドルノの要約の上手なフリーターを毎年作り出すだけである。

前述の通り、私は文系学部全廃論者である。詳しく言うと、単純な全廃論ではない。芸術系は残す。最初からミューズの女神と心中しようという若者は、それでいい。教育系の国文科なども残す。枕詞やク語法が高校生に教えられないでは困る。そして、IQ百五十以上の高校生は、うむを言わせず強制的に哲学科などの人文系に入学させる。医学部に進みたいのＭＢＡを取得したいのなんて許されない。もちろん、彼らには高額の奨学金を与え、卒業後の生活も並の研究職以上に保証する。そして、日本からカントやヘーゲル並みの人材を輩出させる。もちろん、マルクスでも王陽明でもナーガールジュナでもかまわない。真の人文学復興、真のエリート教育である。

室井尚の本に何度も「リベラルアーツ」と出て来る。意味が分かっているのだろうか。これは「自由な学芸」という意味ではない。全く反対の「差別的な学芸」という意味である。奴隷や二級市民には許されず「リベリ（自由民）」にのみ許された特権的学芸のことである。そんなものを人口の五割以上に学ばせて、どんな社会が出現するのだろうか。

（二〇一六・四・一）

［補論］

リベラルアーツを「自由な学問」の意味に誤用する人は、室井尚以外にもよく目にする。中には、こんな例さえある。

二〇一五年三月四日付朝日新聞は「文系学部で何を教える」と題して、二人の人物の対論を掲載している。一人は文学部の准教授で、大学を職業訓練学校にするなと主張する。よくある文系学部擁護論者だ。もう一人は経営コンサルタントの冨山和彦で「従来の文系学部のほとんどは」「何の役にも立ちません」とする。そして「リベラルアーツの本来の定義はプラトンの時代から、人間がよりよく生きていくための『知の技法』でしょう。それが現代では、たとえば簿記会計になるんです。実社会を生きていく上で確実に役に立ちますから」と結論づける。

この冨山のリベラルアーツ論は、本論で述べたように誤りである。リベラルアーツは人間がよりよく生きていくための技法なんかではない。下層民には許されず支配者階級のみに許された学芸という意味である。職業訓練学校では学び得ないリベラルアーツの欠如がこういう誤用をはびこらせる皮肉。

まあ、このあたりは笑い話といったところか。だが、笑い話ではすまないこともある。新聞などの大学の広告に、本学はリベラルアーツに力を入れていると麗々しく謳ったものが目につく。そういう大学は決まって受験生不足に悩む低ランク大学である。騙す方と騙される方に、甘い共同幻想が成立している。

人権外交の勝利者

二〇一六年三月二十一日、キューバを訪問したオバマ米大統領がラウル・カストロ国家評議会議長と会談した。ラウル・カストロは、フィデル・カストロ前議長の弟である。会談中、オバマがキューバにおける政治犯の人権問題に言及すると、弟カストロは色を成して「政治犯だって？　キューバにそんなものがいると言うならリストを出してくれ。そうしたら今夜にも全員釈放する」と反撃した。

私はこのニュースを読んで、ああ、弟カストロはやっぱり兄カストロに一ランク落ちるな、と思った。ちょっと下手なのである。

私の学生時代、一九六〇年代後半、キューバの社会主義に好感を持つ友人が多かった。当時、ソ連の惨状はよく知られていたが、キューバには南国特有の大らかさが感じられ、また指導者も魅力的だった。その指導者とは、兄カストロとゲバラである。ゲバラは既に一九六七年ボリビアでゲリラ活動中に逮捕され銃殺刑に処せられていた。こうした経歴もロマンチックで、ゲバラ人気は高かった。私より十歳年長で、しかも保守系の政治家である亀井静香も、ゲバラ崇拝者として知られる。

しかし、私はゲバラに惹かれることはなかった。ロマンチックはいいが、政治的力量がないように思われたからである。一方のカストロにはそれがあるような気がした。その政治がいい政治か悪い政治かは別にしてである。換言すれば、味方にしたい人物、敵に回したくない人物、という評価である。

私のこの直感は、その十数年後に当たった。

一九八〇年前後のことだったと思う。アメリカではしきりに人権外交が称えられた。その一環として、キューバの政治犯への人権抑圧がしばしば批判された。キューバもまた、ソ連ほどではないが、反体制知識人を逮捕監禁していたのである。アメリカの人権団体は、これを繰り返し非難した。そのたびにカストロは、我がキューバに政治犯などいないと反論した。これに対して、アメリカの人権団体は、キューバでは政治犯は精神病院へ強制入院させられている、と再非難した。カストロは、入院しているのはあくまでも精神病患者であると、再反論した。ここまではカストロは兄も弟も似ている。

こんな非難・反論が続くうちに、とうとう兄カストロは切れた。よし、分かった、じゃあ、お前らが言う通り〝政治犯〟を自由と人権の国アメリカへ解放してやろう。

そして〝政治犯〟を百人も二百人も乗せた船をフロリダへ送った。アメリカでは人権団体が勝利を誇り、港には歓迎のアーチが飾られた。やがて船が桟橋に着き、歓声が挙がる中、続々と〝政治犯〟が降りて来た。その姿を見た瞬間、人権団体は、これは謀られたなと思ったが、もう遅い。祝福の声に囲まれて〝政治犯〟たちは自由の国の中に放たれたのである。まさかアメリカでも精神病院へ再投獄するわけにはいかないからである。

私はカストロが「切れた」のは絶対に演技だったと思っている。

（二〇一六・四・十五）

［補論］

同じような話がある。一九五九年末から始まり一九八〇年代まで続いた在日朝鮮人の北朝鮮への帰国運動である（最盛期は開始から約十年間）。十万人近い朝鮮人が、この世の地獄のような日本を脱出《エクソダス》し、地上の楽園である北朝鮮へ帰国した。しかし、差別に苦しむ朝鮮人にとって日本は楽園ではなかったが、北朝鮮こそは地獄であった。生活は在日時代よりさらに苦しく、しかも「貧困の平等」さえ保証されなかった。帰国者は地獄の底にまだ地獄があると知らされたのである。

朝鮮人帰国者たちの実情は、今ではかなり知られるようになったが、一九七〇年頃までは公《おおやけ》に語られることがなかった。一九七〇年三月には、赤軍派の学生たち九人が日航機をハイジャックして抑圧国家日本を、これも脱出《エクソダス》し北朝鮮に亡命したほどである。

朝鮮人の帰国運動は、日本政府の巧妙な策略だとする説がある。戦後十余年間は日本はまだ貧しく、在日朝鮮人はとりわけ劣悪な環境に置かれていた。当然のように犯罪率も高く、生活保護受給者も多かった。要するに「やっかい者」であった。それが、我々を祖国に帰らせろ、と要求し始めたのである。文字通り渡りに船であった。誰か知恵者が企んだと考えてもおかしくはない。結果から見れば、日本は在日朝鮮人の要求を受け容れて「勝利」したのである。

自治という権力

二〇一六年三月三十一日付朝日新聞投書欄に興味深い一文を見つけた。投書者は五十九歳の会社員。「低調だった春闘　組合費下げて」と題されたもので「組合費をはるかに下回るベアしか取れない」のなら「せめて組合費を下げ」たらどうか、と提言している。投書者自身、以前労組の委員を体験しており、その時も「毎月、数千円もの組合費を払っているのに」という声が聞かれたという。

新聞投書欄は、おおむね自社の社是に沿う意見を掲載する。この投書にも、労組よ、もっと厳しく財界や政府を追いつめよ、といった朝日風革新色が感じられる。それはそれでかまわないのだが、実はこの投書は、労組や学生自治会の根本的弱点、さらに政治というものの本質をあぶり出している。

今でこそこの投書者の指摘するように労働運動も低調だし、また学生運動も低調だ。しかし、一九六〇年代から三十年間近く過激派を含む運動が活発だった。そんな時代、私は企業や大学がいつ切り札を切るのだろうと思っていたが、ごく少数の例外は別として、切り札は切られなかった。その切り札とは、組合費・自治会費の代行徴収の廃止である。これはどんな弾圧より効果的な切り札である。

代行徴収が廃止されたら、委員たちが組合員・学生一人一人に会費を払わせなければならない。そんなものに誰が喜んで応じるだろう。苦しい生活が楽になるという目標を掲げるから、労組・自治会は支持されている。それなのにさらに会費まで「搾取」されるのだ。誰も支持しなくなるだろう。

代行徴収廃止をしても、企業・大学は一切非難されない。自治を少しも侵害していないからだ。どうぞ御自由に「自治」をして下さい、我々は自治を尊重するからこそ一切の干渉をやめるのです、という論理が成立するはずだ。

要するに、自治なるものは、統治権力という温室に護られた「ぬるい統治権力」なのである。統治権力が本源的に行使する徴税のような「汚れ仕事」は、労組も学生自治会も最初から引き受ける気がないのだ。そもそも政治とは統治であり、統治を実行するのは権力である、という政治学の常識が分かっていないのである。

私は、今では誰も読まなくなったレーニンの『国家と革命』の一節を思い出す。第一章最終部分でレーニンは言う。

「自由な人民国家」とはドイツ社会民主主義者の主張である。エンゲルスは、宣伝煽動上の理由からこれを便宜的に認めはしたが、この主張は本質論としてはまちがいである。「あらゆる国家は非自由で非人民的な国家である」。

これを読んだ十八歳の私は、レーニンの峻厳な政治認識に感動すると同時に、宣伝煽動のためなら自由な人民国家という偽りの「ゆるい政治観」を流すのもあるとするリアリズムに、ちょっと恐い気もした。そして『国家と革命』の一節の重要性も知らぬまま学生運動に没頭する友人たちも、別の意味でちょっと恐いと思った。

（二〇一六・四・二十九／五・六）

［補論］

十九世紀のドイツ社会民主主義については別に詳しく検討する必要があるのだが、一般的に言って社会民主主義者は「自由な人民国家」を本気で信じているようだ。日本においても然り。それ故、彼らは統治権力が行使する「汚れ仕事」から目を背けている。

少し後のページでも触れるが、一九九一年に起きたイスラム学者五十嵐一《いがらしひとし》殺害事件など、イラン人不法入国者・不法滞在者への取締りを強化しておけば防げただろう。学問の自由、表現の自由は、自由な人民国家では現実にしばしば圧殺されるのである。温室を物理的に護る者がいることを忘れてはならない。

空虚な憲法論議

二〇一六年三月二十二日、政府は閣議で鈴木貴子議員の質問主意書に答えて、共産党は暴力革命の方針を変更していないとの認識を示した。

ちょっと見直したぜ、共産党を。私はこの半世紀ほど共産党は暴力革命を未来永劫やめてしまったものと思っていたからだ。折しも憲法記念日をはさんで憲法論議の啓発記事が保革を問わず新聞に掲載されているが、どれも意図的に本質論を隠している。

憲法は国の最高法規であり、刑法、民法など全法律は憲法に従っている。しかし、唯一例外がある。条約である。刑法や民法に憲法違反の条項があれば無効であり改正が進められるが、条約はたとえ憲法に違反していても無効にはできない。条約は二つ以上の異なる統治権力（国家）間で合意した法律であるから、片方が勝手に無効にすれば国際的信用をなくす。最悪の場合、戦争にもなるだろう。

要するに、立憲主義は統治権力内部にしか向かわない。こんなことは憲法学の常識である。

一九五九年、最高裁は砂川事件上告審で、争点の一つになっていた日米安保条約の合憲性について「高度な統治行為」であるから司法は審査できないとした。当然である。砂川闘争が是であろうと非であろうと、憲法論としてはそうなる。だいたい、砂川闘争は憲法に認めてもらおうとして起こした運動ではないはずだ。

それでは「統治行為論」は保守側に有利な理論かと言えば、そうではない。

一九七七年、日本赤軍はハイジャックした飛行機をダッカ空港に着陸させ、国内で収監されている活動家らの釈放などを要求した。日本政府は人質の安全を優先して要求を呑んだ。「超法規的措置」である。つまり、憲法を頂点とする立憲主義に反する行為を統治権力自らが行い、司法はこれに抵抗できず、左翼が勝ったのである。

こんなことは歴史上いくらでもある。

六四五年、乙巳《いっし》のクーデタが起きた。中大兄皇子《なかのおおえのおうじ》と蘇我石川麻呂らが大極殿において蘇我入鹿を斬殺して権力を握った。この時、既に十七条憲法は成立していた（六〇四年）。その第一条は「和を以《もっ》て貴しと為す」と始まる。クーデタが「和」のはずはなく、憲法違反は明らかである。しかし、このクーデタがなければ大化改新は実現しなかった。
十七条憲法は近代憲法とは性格が違うという意見も当然あるが、統治権力と法律という意味では同じである。御成敗式目（一二三二年）も武家諸法度（一六一五年）も同様である。こんな法律があっても応仁の乱は起きたし明治維新は起きた。法律に違反しているからといって、応仁の乱や明治維新を批判した歴史学者や政治学者を見たことがない。
憲法について考える場合、大きく二つある。一つは、憲法秩序内の整合性を問う解釈学。もう一つは、憲法を成立させている統治権力を考える国家学。後者を全く無視して憲法論議が消費されている。

（二〇一六・五・二十）

［補論］
日本共産党の歴史をふり返ってみて、その果たしてきた役割で評価できるものはほとんど何もないに等しい。終戦期にそれまでの軍国主義やアジア侵略を徹底的に批判したことを功績に挙げる人もいようが、むしろその一面性がもたらした害悪の方が大きい。
平和運動への取り組みに至っては、ソ連や支那の核実験を容認し、平和運動を妨害することにもなった。

しかし、意外なことに、多くの良識人が忌み嫌う「暴力革命の方針」が、現在隠蔽されつつある権力の本質を照らし出している。我々は、学校教育においてもマスコミの言説によっても、政治とは行政のことであり、政治は法によって動くと、信じ込まされている。しかし、行政は政治の執行のことであり、法は統治下の政治準則のことであるにすぎない。政治の本質は統治そのものであり、統治を実現しているのは権力である。

日本の大学では、政治学は法学部で学ぶことになっている。東京大学では、法学部の中に法律学科と政治学科がある。他の多くの大学でも同じである。例外は、早稲田大学や明治大学で、これらの大学では政経学部の中に政治学科と経済学科がある。要するに、政治学は、法学の下位区分であるか、政経学の一翼という扱いである。こういう教育体制の中で、当然ながら政治の本質が見えにくくなっている。

日本共産党が暴力革命の方針を放棄していないとするなら、そしてそれが本当なら、共産党だけが政治の本質を正しく認識していると言えよう。

お医者さんゴッコ

改正公選法が二〇一六年六月から施行され、十八歳選挙権が実現する。これを機に新聞には啓発記事が掲載され、高校では模擬投票も行なわれている。しかし、これが啓発、教育だろうか。

朝日新聞は、二〇一五年末以来、ＡＫＢ48のメンバー三人を起用し、憲法学者・木村草太、ジャーナリスト・津田大介を交互に講師として、政治の仕組を学ぶと称する企画を随時連載している。ＡＫＢを使うのは、ソフトに、ポップに、ということらしいが、本質を外していたら何の意味もない。

二〇一六年二月十二日付は「国政選挙、ＡＫＢ総選挙とどう違う?」。問われるまでもなく、誰でも分かる。ＡＫＢ総選挙で選ばれるのは、舞台でセンター位置に立つ権利者である。国政選挙で選ばれるのは立法権者（国会議員）であり、その中から行政権の長（総理大臣）が選ばれる。要するに統治権力の執行者を選ぶのである。ＡＫＢのセンターなんて何の権力執行もできない。国政選挙とは全然違う。

だが、共通点もある。ＡＫＢの実質的な統治権力者はプロダクションである。センター権者を気に入らなければ潰してしまえばいいし、ＡＫＢそのものを解散させることさえできる。国政の場合も同じで、選挙なんて無関係に統治権力を代えてしまうことができる。クーデタ、革命、そして侵略（被侵略）である。憲法学や政治学で言う「憲法制定権力」の交代である。一見難しそうなこの言葉も、ＡＫＢというシステムを譬《たと》えにすれば、非常によく分かるだろう。そして、ここが憲法論の要なのである。

共通点はまだある。ＡＫＢ総選挙も国政選挙も、しょせん人気投票だし、金がものを言う、ということである。国民なんてその程度のものだし、民意なんてその程度のものであり、そうであれば、今我々が当然のことだと思っている普通選挙制度（一九二五年成立）も疑ってみる必要がある。だって、日本の軍国主義化、アジア侵略、治安維持法とその強化（最高刑に死刑を含める）は、全部普通選挙以後のことではないか。

朝日新聞の啓発記事以上にくだらないのが各地の高校で行なわれている模擬投票である。避難訓練や救急訓練ならやる意味もあろう。しかし、投票に訓練なんて必要か。用紙に名前を書いて投票箱に入れるだけではないか。衆参同日選挙の場合でも、投票用紙の色は違うし、投票箱も違う。しかも、説明板も置いてあるし係員も配置されている。それでなお模擬投票をするのは、投票ゴッコという遊びでしかない。

投票ゴッコでもよい。慣れや動機づけにはなる、という人もいる。困ったものだ。

現在、高校で医大志望者がふえている。そのための小中学生向けの塾もある。そこでお医者さんゴッコが奨励されるだろうか。医大入試の面接で動機を聞かれ、子供の頃からお医者さんゴッコが好きでしたと答えたら合格するだろうか。そんな奴は真先にはねられる。

政治教育ゴッコも投票ゴッコも政治理解には何の役にも立たない。お医者さんゴッコが医療理解に何の役にも立たないのと同じなのである。

（二〇一六・六・三）

［補論］

私は、国民の代表を選ぶ厳粛なる選挙の啓発にＡＫＢ48のごとき芸人を使うなと言っているのではない。選挙が厳粛かどうか知らぬが、啓発は正確で分かりやすければそれでよい。しかし、この朝日新聞の企画は啓発の役割を全く果たしていないではないか。

木村草太は、ＡＫＢのメンバーに聞いてみればいい。君たちのうちに覚醒剤やった子はいる？　いやいや、君たちがそうだと言ってるわけじゃないんだよ、他のメンバーのうちでだ。それと、枕営業はどうだい。いやいや、私とやれと言ってるわけじゃないんだよ。それと、プロダクションはどこの組とつながってるんだい。あるいは、何かの学会とつながってる子はいないかな。こういうことは、政治を考える上で極めて重要なんだ。君たちには分からないだろうが、これをアナロジーと言うんだ。アナログと同原の言葉だがね。いやいや、もっと分からなくなったね。こんなことさえ分からない民衆を束ねてゆくのが政治なんだよ。枕も暴力も宗教的幻想も利用して権力を獲得し、それを維持してゆくのさ。

こう説明すれば、ＡＫＢのメンバーたちはきっと涙を流すだろう、感動して。これは政治的にはやってはいけないことなのではあるのだが。

いまこそ「選挙権免許制度」を

ここ数年、政治や社会が語られる時、ある言葉を頻繁に見聞きするようになった。この言葉は、これまで政治思想研究の専門家以外に使われることはなかった。新聞やテレビでこの言葉を使っただけで、警戒されるからである。

それは「核武装」ではない。「ポピュリズム」ないし「衆愚政治」である。

この言葉は前世紀末まで、辞典類においてさえ疎略に扱われていた。岩波小辞典『政治』には「衆愚政治」は立項されておらず、巻末索引で関連語として検索できるだけである。「ポピュリズム」は巻末索引にさえ出ていない。平凡社の『小百科事典』で「ポピュリズム」を引くと、なんと、二十世紀前半のフランスの文学運動と説明してある。石原慎太郎や橋下徹の政治手法はしばしばポピュリズムだと批判される。しかし、石原は確かに文学者ではあるがフランス人ではないし、橋下はそもそも文学とは無縁の人物である。そんな文学用語が大衆社会における政治現象を語る用語に転用され、昨今ではジャーナリズムに頻出するようになった。

　かつてポピュリズムや衆愚政治を語る事が憚《はばか》られたのは、これが民主主義に根本的な疑問を呈した言葉だったからである。それがここ数年使われるようになったのは、民主主義の限界やさらには逆説があらわになったからである。

　昨今、某政党や某新聞や某識者が、改憲草案を作って世に問うたりしている。しかし、そのうちのいずれもが、今世紀に入って顕著になった政治の危機に気づいていない。政治すなわち統治・権力の成立を基礎づける憲法の条文は、第十五条に代表される普通選挙に関わるものである。なぜならば、国民全員が主権者だからである。そして、その主権者が主権者たる根拠に、二十一世紀に入って重大な疑義が生じている。それが「ポピュリズム」「衆愚政治」という用語の〝解禁〟である。この潮流を無視して憲法議論をすることは姑息（姑《しばら》く息《や》める＝一時しのぎ）な改正を考えることにしかならない。

　私は憲法十五条を改正し、衆愚政治、ポピュリズムの元凶たるバラマキ普通選挙を廃し、「選挙権免許制度」を導入すべきだと考える。選挙権を得るには、自動車免許や危険物取扱免許のような試験を課すのを骨子とする。一方、被選挙権こそ免許不要でかまわない。

具体的なことは後述するとして、まずは総論を述べておこう。というのは、私の提案を、何か国家主義的な思想（右の、あるいは左の）に基くもの、または軍国主義的な意図（右の、あるいは左の）を持ったもの、と思う人がいるかもしれないからである。しかし、私の思うところは全く逆である。権力の暴走（右の、あるいは左の）、侵略戦争（右の、あるいは左の）を防ぐために、普通選挙制度を廃し、選挙権免許制度を提起しているのだ。

一体、我々は何を根拠にして普通選挙制度を良い政治制度だと思い込んでいるのか。よく考えると、何の根拠もありはしない。何となくそう思い込まされているだけである。

歴史的に見てみよう。日本の軍国主義化、侵略戦争への歩み、言論弾圧、これらは全部普通選挙制度以後のことである。

普通選挙法は一九二五年（大正十四年）五月五日に公布された。そのわずか十三日前に治安維持法が公布されている。要するに、この二法は抱き合わせで成立したのである。敗戦まで治安維持法は政治運動、言論活動に恐るべき弾圧を加えたが、その時、普通選挙制度は既に成立していたのだ。満洲事変（一九三一年）も、二・二六事件（一九三六年）も、全部普通選挙制度下で起きている。

権力の相互抑制という観点からも考えてみよう。我々は三権分立制を知っている。近代国家では立法・行政・司法の三つに権力を分立し、それぞれが相互抑制することで権力の暴走を防ぐようになっている。我々はそう教えられている。

しかし、これは本当だろうか。

立法・行政・司法は、国家権力すなわち統治権力の下位概念にすぎない。このことを企業に譬《たと》えてみよう。営業部と経理部と総務部を分立させたからといって、企業そのものが暴走する時、これを止めることはできない。企業という統治体は株主によって成立しているからだ。国家権力の場合は、主権者たる国民である。主権者が暴走や迷走を始めたら、誰もこれを止めることはできない。これこそポピュリズムであり、衆愚政治である。主権にこそ抑制装置を設けなければ、いつ暴走が始まるか分からない。

主権の暴走の抑制装置として最も公平で合理的なものが選挙権免許制度なのである。

選挙権免許制度は、一種の制限選挙制度である。一般的に「制限」は不公平で非合理的であるように思える。しかし、一概にそうとは言えない。

大正末年以前の制限選挙制度は、なるほど不公平で非合理的であった。選挙権があるのは、二十五歳以上の男子で直接国税が一年に十五円以上（後に十円以上）の者とされた。

女子に選挙権がないのは、男女で判断力の差が本質的にありえない以上、不公平かつ非合理である。しかし、女子にも同じように選挙権を与えても、主権の暴走を止めることはできない。男女で判断力の差がないからである。男が主権行使時にポピュリズムに陥るなら、女も同じ程度に衆愚政治を準備するはずだ。

選挙権の年齢が二十五歳か、二十歳か、十八歳か、あるいは、十歳か、三歳か、これは技術的な問題である。消費税の税率と同じで、どこかに現実的な線を引くだけである。どの数値になろうと、そのこと自体は公平性と特に関係はない。

所得による選挙権の制限は、一見合理的に見えなくもない。しかし、国を支えるのは経済だけではないし、裕福な者に見識や判断力がある保証はないだろう。

そう考えると、公正な試験による免許制度だけが、公平で合理的な権力暴走抑制装置だということになる。

主権の下位にある三権を見てみよう。

司法に関わる人たちには極めて難度の高い試験が課されている。司法試験である。一般の職員も採用試験を通らなければ職員になれない。行政の場合も、責任ある役職に就くには難度の極めて高い試験を受けなければならないし、一般職ももちろん試験を突破しなければならない。

立法に関わる人、すなわち議員のみは、服役中などを欠格事由とするだけで、何の資格も免許も要らない。それは選挙を潜り抜けているからである。そうであればこそ、その選挙権がザル同然の野放しでいいはずがない。私はこれに免許制を施行せよといっているのだ。

先に自動車免許や危険物取扱免許を免許の例に出した。危険物は文字通り危険だし、自動車も知識や技術のない者が運転すれば危険物である。医者の免許も建築士の免許も、その主意は全部同じである。使い方を誤れば危険だからである。

しかし、考えてもみよう。使い方を誤って最も危険なのは権力ではないか。自動車の暴走で死ぬのはせいぜい数人である。クレーンの操作を誤った場合も同じぐらいだろう。無免許の偽医者が盛り殺す人の数は、もう少し多いかもしれない。では、国家権力が暴走した時の死者の数はどうか。数千人、数万人、数百万人である。こんな極限の危険物の運転に免許がなくていいはずがない。

私が考える選挙権免許試験は、司法試験や医師国家試験よりはるかに難度が低く、自動車免許と較べてさえ合格することが容易である。ごく常識的な中学校卒業時までに身につけておくべき客観的な知識を問うだけである。

例えば、常用漢字の読み書き。もちろん点字使用者への配慮もする。また、イギリスとフランスの位置。分数の計算。ごく初歩の英文和訳。炭酸ガスの化学式。魚と鯨のちがい。この程度の試験でさえ、恐らく受験者の半数ほどが落ちるだろうし、そもそも免許を獲得してまで選挙権を持とうとする人は多くないだろう。逆に言えば、現在の有権者すなわち国家の主権者の多くは、義務教育レベルの知識も十分でなく、主権者意識もない、ということだ。

識者と称する人は選挙における投票率の低さをしばしば嘆く。だが、現状では投票率が低くて当たり前だろう。何の自覚も喚起しないからだ。むしろ、義務教育程度の知識さえない衆愚と同じ仲間にされるのが不快だという潜在意識も観察されよう。

そもそも、投票率の高さが文明の高さだとする錯覚を疑った方がいい。世界一民主主義的で、国名にもそれを謳い、これを略した名称で呼ぶと（一頃は）ただちに抗議行動を起こした朝鮮民主主義人民共和国では、投票率がいつも九十九パーセント台である。ただ投票率が高くても、何の意味もないことが分かるだろう。

選挙権免許制度では、主権者の自覚が生じ、どこかの民主主義国とはちがって、何の強制がなくとも投票率は上がるはずである。私は将来的には、免許の等級別も考えている。自動車免許に一種、二種の区別があるように、何段階かの等級を設け、各等級ごとのポイントを定め、それを候補者に自由に配分投票するのである。選挙には、投票が実らない「死票」が出る。これがまた投票率の低下を生んでいる。しかし、等級によるポイント制では、複数候補者に分配投票できるため、死票が生じる可能性は低減するだろう。

選挙権免許制度導入は、バラマキ普通選挙制度とちがって、ポピュリズムや衆愚政治を最も確実に、最も安価に防ぐ方策である。権力の暴走を抑止し、文明の水準を保つ最上の制度である。

しかし、現在これを提案するはおろか、政治の危機の兆候に気づく人さえいない。

愚の骨頂は、一票の格差をあげつらい、議員定数の是正を図れば、何かよい政治が実現するかのように主張する連中である。選挙区ごとに投票率の差も歴然とあり、地域ごとに有権者の事情もちがうだろう。それらを捨象abstractして抽象的abstractな「一票は一票」を実現しても、ポピュリズムの後押しをするだけだ。憲法は一票の価値を保証しても、権力の暴走の抑制は考慮していない。

インターネット投票の実現を目指す声も同様である。ネット投票によって、主権者の暴走、衆愚社会の出現が近づくことは、考えられないのだろうか。ネットで呼び掛け合った市民たちの自立した政治運動が「在日特権を許さない市民の会」（在特会）であることに気づかなければならない。北朝鮮が民主主義を名乗ることが冗談でもパロディーでもないように、在特会が市民運動を名乗ることも冗談やパロディーではないのである。

こうしたところにポピュリズムないし衆愚政治の露頭が観察できることを論じているのは、ネットニュース編集者中川淳一郎ぐらいである。中川は『ウェブはバカと暇人のもの』（光文社）で、ネットメディアの孕《はら》む危険性を逸早く批判した。中川自身がネットの仕事に深く関わっているからこそ、大衆社会の根源的病理を身に染みて理解しているのだろう。

二〇一二年、衆議院選挙を前に、テーマパーク「キッザニア」で、子供たちに模擬選挙による体験投票が行なわれた。「将来の有権者に、選挙を身近に感じてもらおうと企画された」（二〇一二年十二月十四日、朝日新聞）という。

子供に投票ごっこをさせて、何か意味があるのだろうか。それよりも、ポピュリズムの恐ろしさ、権力の暴走の恐ろしさを、しっかりと教育すべきだろう。

（「新潮45」二〇一三・八）

「ポピュリズム」すなわち愚民主主義について

七月十日（二〇一六年）、十八歳選挙権制初の国政選挙が行なわれた。この半年余、全マスコミ、全政党が異常な政治啓発キャンペーンを展開した。標語風に言えば「あなたの一票が政治を変える」ということになろう。これと類似の標語は保革を問わず語られた。この言葉が異常なことは容易に分かる。全有権者一億人のうちの一票が政治を変えることなどありえないからである。家族旅行の行先を一家五人の家族投票で決めているつもりなのだろうか。

まともな政治学者なら、あなたの一票が政治を変えるなどとは言わない。こう言うはずだ。

・組織された一票は政治を変える。

そして、さらにつけ加えるだろう。

・その政治が良い政治のこともあるし悪い政治のこともある。

これが政治学の常識である。「あなたの一票が政治を変える」は政治学ではなく政治ファンタジーの言葉である。ファンタジーで国民を啓発するのは、たちの悪い愚民政策である。

最近「ポピュリズム」という言葉をよく聞く。ポピュルス（民衆）主義という意味だが、良い意味ではなく悪い意味である。「愚民主義」とでも意訳すれば分かりやすいだろう。「ポピュリズム」は、ほんの二、三十年前までは、現在のような意味では使われていなかった。これは文学用語であった。庶民の哀歓を描いたE・ダビ『北ホテル』に代表される一九三〇年代の文学潮流のことである。ここではポピュリズムは良い意味で使われている。ところが、この十年ほど、ポピュリズムは悪い意味で使われるようになった。つまり、民衆が正しい判断をする保証はなく、しばしば最悪の選択を求めるが、それに乗ずる政治、という意味である。

「ポピュリズム」にこのような変化が起きたのは、大衆社会の病弊の露呈が著しくなったからである。二十世紀における近代文明の急速な発達の中で、ポピュルスへの信頼がファンタジーにすぎないことが明らかになってきたのだ。G・ル・ボン『群衆心理』は二十世紀初頭以来何度も改版され、現在は講談社学術文庫に収録されているが、この文庫版は一九九三年以来毎年一回の割りで増刷が続いている。オルテガ・イ・ガセット『大衆の反逆』は戦後三十年間ほど反動的という評価でかえりみられなかったが、一九八〇年代からしばしば言及される基本書となっている。

ポピュリズムの蔓延に危機感を抱く人も相当数いるのだ。

実は、先述のマスコミによる政治啓発キャンペーンの中に、いくつかポピュリズム批判が見られる。もちろん、それは大きな声になっていない、というより、敢えてそうしていないのだろう。

六月十七日付朝日新聞は、一ページ大の与謝野馨インタビューを掲載した。与謝野は三十年以上自民党の政治家を務め、財務大臣、官房長官などを歴任している。彼は安倍政治について言及しつつ、最後の部分でこう話す。

「民主主義の中で、『国民の声』というものが、必ずしもいつも正しいとは限らない」「残念ながら、国民は楽な道を喜びがちです」

遠慮がちに、付け足しのように語っている。これでさえ、現役政治家を引退したから言えた言葉だろう。

若者向けのサブカルチャー雑誌は、世論の本道でないからか、ずばりポピュリズム批判をすることがある。「週刊プレイボーイ」七月四日号は巻頭に「俺たちはバカなのかもしれない」という特集記事を置いた。内容は、二〇〇一年から二〇一六年までの五回の「次の首相にふさわしい人」ベストスリーアンケートの再検証である。二〇一〇年三月の調査（共同通信社調べ）だけ次に示しておこう。
①舛添要一　二三・七％
②鳩山由紀夫　八・三％
③菅直人　七・四％
何だろう、この顔ぶれは。特に圧勝の第一位は。結論部には見出しと同じく「俺たちってバカなのかもしれない」とある。

「プレイボーイ」のような娯楽雑誌は、良識家からはしばしば社会矛盾から民衆の目をそらす役割をすると批判されがちだが、かえって大衆社会の本質的矛盾を指摘している。

与謝野馨の言う「国民の声」なるものと政治について、歴史的にいくつかの例を見ていこう。

明治初め、新政府の強権的政治に抵抗して日本全国でいくつもの一揆が起きた。そのうちの一つが明治四年（一八七一年）の「解放令反対一揆」である。同年、政府は「穢多非人解放の布告」（解放令）を発し、被差別身分の廃止を宣言した。これに対して「民衆の怒り」が爆発したのである。この一揆は凄惨を極め、いくつもの被差別部落への放火・破壊が行なわれたのみならず、全国で数十人もの部落民が虐殺されている。

ここで想起すべきは、昨今のヘイトデモだ。「在日特権を許さない市民の会」（在特会）を中心にした民族差別・部落差別を煽動する市民運動である。彼らが市民運動を名乗るのは冗談でもパロディーでもない。既成の政党とも労働組合とも無関係に、市民一人一人が怒りの声を挙げる運動だからである。この粗暴で醜悪な運動にこそ、愚民主主義（ポピュリズム）が如実に現れている。そして、民衆のルサンチマン（怨念）の反映形である点で、解放令反対一揆と同じ構造なのである。

日本が近代的な「国民国家」の体裁を整えた二十世紀以後の例も見てみよう。

明治三十八年（一九〇五年）九月、東京の日比谷公園で大規模な国民決起集会があった。同年八月、足かけ二年に及ぶ日露戦争が終結したが、これに抗議し戦争継続を訴えたものである。戦争終結に怒る民衆の声はすさまじく、集会は暴動にまで発展し、警察署などが焼打ちにあった。「日比谷事件」である。

日露戦争は辛うじて日本が勝利したものの、これ以上戦争を続行するだけの国力は日本になかった。もしここで講和に踏み切らなければ、大国ロシヤの反攻は明らかであり、日本は惨憺たる大敗北を喫していただろう。つまり、民衆の声に耳を傾け、民意を政治に反映させていれば、日本は破滅したのである。

こうした民衆運動に対して、民意を政治に正しく反映させる制度が未確立の時代だったから、という解釈があるだろう。しかし、不完全だったとはいえ、そういう制度は漸進的に整備されつつあった。既に国会（帝国議会）は明治二十三年（一八九〇年）に第一回が開かれ、旧来の藩閥政治から国民の政治へ、かなり大きく進歩していたのである。

それでも、当時はまだ制限選挙であり、多額納税者のみに選挙権が認められていた。これが普通選挙に変わったのは大正十四年（一九二五年）のことである。これによって、前よりはるかに確実に民意は政治に反映されるようになった。そして日本は大陸侵略の時代、戦争の時代に突入するのである。満洲事変（一九三一年）も支那事変（一九三七年）も大東亜戦争開戦（一九四一年）も、すべて普通選挙以後のことである。

治安維持法は、どんな右翼、どんな保守主義者でさえ顔をしかめ、リベラリストや革新派であれば絶対的に嫌悪する悪法である。これが成立したのは、普通選挙と同年である。これは、普通選挙法が治安維持法と「引き替え」に成立したからだとされる。その通りだろう。しかし、治安維持法が強化され、上限に死刑を含むようになったのは、普通選挙が成立普及して以後のことである。普通選挙は言論弾圧・思想統制に対して全く無力であった。

政治というものは、選挙というものは、民主主義というものは、このようなものなのである。

七月六日付の朝日新聞は「参院選　投票前に考える」として、特に十八歳選挙権に焦点を絞り「主権者教育」について一ページ大の啓発記事を載せている。記者は氏岡真弓と豊秀一で、二人とも編集委員とある。

記事には高校三年生のこんな声が出ている。「学校で選挙のやり方だけを教わってもピンと来ない。政治の根本的な情報が欲しい」。そして「『有権者』として投票に行くよう促して終わる授業風景が広がっている」と記者はまとめる。職員室では「面倒な話になる授業は、やめとこ」との声が出ている、とも記されている。

政治の根本的な情報は出さず、投票に行くように促すだけに終始し、面倒な話はやめとくような「啓発記事」を半年余も作ってきたのは誰だったか。もちろん、これは独り朝日新聞だけのことではない。ほぼ全部のマスコミ、教育機関に共通している。

芥川龍之介は、昭和二年（一九二七年）、三十五歳の若さで自ら命を絶った。普通選挙・治安維持法の成立から二年後のことである。自殺の理由は「将来に対する唯ぼんやりとした不安」（『或旧友へ送る手記』）だとされる。それが具体的に何なのかは、それこそぼんやりとしていてよく分からない。しかし、芥川文学を「敗北の文学」と見た宮本顕治は、民衆を信じ切れない弱さが「不安」なのだと指摘した。この指摘はけっこう当たっているような気がする。その証拠に「強い」宮本は、共産主義者として実に十二年間の獄中生活に耐え、戦後は共産党の最高指導者として当年九十九歳の長寿を全うした。
芥川には「レニン（レーニン）」と題した連作箴言《しんげん》がある。その第三にこうある。

誰よりも民衆を愛した君は
誰よりも民衆を軽蔑した君だ

民衆を組織し君臨しえたレーニンの本質を見抜いた芥川が時代の「不安」を感じたのだと、私は思う。

（「週刊新潮」二〇一六・七・二十一）

第二部

俗論を疑え

文革で新聞が混乱

二〇一六年は支那全土を殺戮と破壊の大動乱に巻き込んだ文化大革命開始から五十年目に当たる。文革は十年続き、その間虐殺された人の数は、支那当局の発表で四十万人、研究者によっては一千万人にものぼるとされる。

文革勃発は五月十六日であったため、日本の新聞もその前後に検証記事を載せている。面白いことに、革新系の朝日新聞と保守系の産経新聞の同じ五月十八日の北京支局員記事が、同じような混乱を見せている。といっても、今さら文革支持のはずもなく、文革批判では当然一致しているのだが、現地の動きの報じ方に混乱が感じられる。

まず、朝日新聞。

支那共産党の「この日の論評は『文革を巡る左派（保守派）や右派（改革派）の妨害を断固防がなければならない』と訴えた」

かっこ内の注記は原文のままである。つまり、左派というと革新派のように思う読者がいるかもしれないけれど、左派は保守派ですよ、右派というと保守派と思うかもしれないけれど、右派は革新派ですよ、という注がついているのだ。「右派（革新派）」ではなく「右派（改革派）」と小細工がしてあるのはご愛嬌。だが、革新派だろうと改革派だろうと、英語ならreformistで、全く同じだ。

次は、産経新聞。

「文革を懐しむ左派の活動」

「保守系政治団体が主導するデモ行進」

「文革当時の同じ現象が復活しつつあることを警戒する改革派と、文革時代を肯定する保守派が対立している」

産経も朝日と同じように、革新派と書くとまずいと思って改革派としている。そして、左派は保守派、右派は革新派。これも同じ。

さて、そうすると、革新系の朝日新聞は右派、保守系の産経新聞は左派、ということになるではないか。両記事とも、それが分かっているからか、微妙なとまどいが感じられるのだ。

マスコミのこの混乱は、既に一九八九年―一九九一年のソ連・東欧社会主義の崩壊時に見られた。賃金値上げと福祉の実現を訴えてデモ行進する社会主義者が保守派、そういう社会主義者の運動を警察力で弾圧する勢力が革新派。

この混乱を回避するには、政治思想を抜きにして体制派・反体制派と言えばいいような気がするが、これでも駄目である。スペイン内乱時、右派のフランコたちは反体制派だった。日本の二・二六事件の反乱軍は右派ではあるが体制派とも反体制派とも言えない。天皇親政を主張したからである。

右派・左派という区分は、フランス革命に始まった。自由・平等の革命の理念をさらに進めるのが左派、それに賛成しないのが右派。保守・革新もほぼこれに対応している。

自由と平等を徹底的に進めたのが支那文化大革命であった。それが左派であり保守であるとして混乱が起きているとするなら、自由と平等という根本原理の意味を問いなおさなければならない。

（二〇一六・六・十七）

〔補論〕

最近の若者の間では、左翼とは保守のことであり右翼とは革新のことであると思われているようだ。アンケート調査などにそんな傾向が表われているとの報道を読んだことがある。

これは本論で述べたこととは違う。どうやら、若者たちは、左翼は旧態依然の思想を持ち、現状墨守であるから「保守」、右翼は現状への批判が強く、変革を訴えているから「革新」、と思っているらしい。つまり、左翼・右翼は思想の内容による区分法、保守・革新はその作用による区分法、という理解のしかたである。本来は、左翼の思想内容の重要な一つが社会主義、あるいは社会的富の共有であり、それは資本主義社会を革新する作用を持つものであり、それ故、左翼≒革新、その反対が右翼≒保守、となるはずだ。どうやらそのあたりが不分明な時代になっているらしい。

本論中の朝日新聞記事にある、左派（保守派）・右派（革新派）、とは少し違うが、一回りして一致しているところが興味深い。

季違いじゃから

二〇一六年五月二十五日の朝日新聞は、自民党の小島健一・神奈川県議がある集会で発言した言葉を問題視する記事を載せている。小島県議は米軍基地反対運動をする人たちについて「基地の外にいる人、基地外の人」と発言したというのだ。

自慢ではないが、この言葉は一九九三年に「宝島30」誌の連載で私が最初に使った（『賢者の誘惑』所収）。一九九〇年、丹羽兵助代議士が自衛隊基地を視察中に刺され、病院の輸血ミスのため死亡した。これを、基地内で基地外に刺され血ちがいで死んだ、と書いたのである。

この連載名は「佯狂《ようきょう》賢人経綸《けいりん》問答」である。佯狂とは「狂を佯《いつわ》る（狂人のふりをする）」という意味で、古来賢者が狂人のふりをして社会批判をしたことに因む。イソップも曽呂《そ》利《り》新《しん》左《ざ》衛《え》門《もん》もその一種だし、『論語』や『荘子』には狂接輿《きょうしょうよ》（狂人の接輿）が出てくる。

私もこれら先賢のまねごとをしてみたわけだ。

私が先賢のまねをしているのだから、小島県議が私に似た発言をしたからといって苦情は言えないだろうな。「基地外」が著作権として法的に保護されているわけでもないし。

それにしても「気違い」という言葉が本当に使えなくなっている。一方で「クレイジー」や「マッド」は何のおかまいもなしである。日本語はいけないが英語ならよいという恥ずべき欧米崇拝思想の表われであり、有色人種蔑視と根は同じものがある。

この二〇一六年二月、嵐山光三郎『漂流怪人・きだみのる』（小学館）が刊行され、いくつもの書評で取り上げられた。嵐山が編集者時代に身近に接したきだみのるの不思議な魅力が余すところなく描かれた好著で、増刷が続いている。きだの著作は私も愛読しており、嵐山の本によってきだがもっと読まれるようになることを願っている。

というのも、私が新聞などで愛読書としてきだみのるを紹介する機会があっても、その原稿が必ず没《ボツ》になるからだ。きだの代表著作なら『気違い部落周游紀行』だから、これを取り上げないわけにはいかない。これをはずすとして、それなら『気違い部落紳士録』はいいのかといえばそれも駄目で、『気違い部落の青春』も駄目、『東京気違い部落』も駄目、『気違い部落から日本を見れば』も駄目。しょうがないので『にっぽん部落』や『ニッポン気違い列島』を挙げてもやっぱり駄目。
断っておくが、この「気違い」は精神疾患のことではないし、この「部落」は被差別部落のことではない。『気違い部落周游紀行』は岩波書店の「世界」に連載されたものだし、毎日出版文化賞も受賞している。『にっぽん部落』は岩波新書だし、「きだみのる自選集」（全四巻）は読売新聞社の刊行である。きだ原作を脚色した『気違い部落』が渋谷実監督で松竹から映画化もされている。
それなのに、現在きだみのるを論じることもできない。日本は気違……おっとっと、この原稿も没になるかな。

（二〇一六・七・一）

［補論］
『気違い部落周游紀行』のモデルになった部落は、東京都八王子のはずれにある。同書刊行から三十年もすると、終戦期とは違い、生活環境はすっかり都市化してしまった。
一九八〇年前後のことだったと記憶するが、この元気違い部落をルポルタージュした雑誌があった。どこかの労組の連合組織の機関誌だったと思う。それが発行後全冊回収処分となった。

被差別部落のルポルタージュの場合、地名・人名を匿名にすることがある。それには是非両論があるが、現実に住民が差別という被害を蒙る以上、匿名とすることに理はある。しかし、気違い部落の「部落」は、「村」の下位区分にすぎない。現在でも日本中で、うちの部落では、あそこの部落では、と全く普通に話している。まして一九八〇年代はもっと当り前だった。これを禁止するなどということは、自主規制どころか、民間による言論弾圧とさえ言ってよい。

『気違い部落周游紀行』は、一九八一年刊行の冨山房百科文庫で辛うじて読める。しかし、同書を新聞広告にすることは事実上できない。初出雑誌の「世界」で取り上げることもできないし、毎日出版文化賞を授与した毎日新聞で取り上げることもできないし、自選集を出した読売新聞で取り上げることもできない。そうした現実さえ報道されない。

本当に異常な時代になっている。

大学に通う生徒たち

教育と政治活動について二〇一六年六月十六日付朝日新聞が興味深い記事を載せている。読者諸賢が予想する「興味深い」とちょっとちがうかもしれないけれど。

三重県津市の市立三重短大の教授が安保関連法反対の有志の会を結成、連絡先を短大内の研究室にするなどの活動をした。これに対し、自民党の小林貴虎市議が市議会で教育基本法に反すると指摘。朝日記者の取材に小林市議は次のように答えている。

「市の税金で運営する短大。教員は生徒の技能を伸ばす職務に邁進すべきだ」

その通りだと思う。未熟な生徒しかいない学校で教員が政治活動をするのはいかがなものか。学生ともなれば自主的な判断ができるからいいが、相手が生徒じゃ、やはりまずかろう。というよりも、三重短大に生徒が通学していることはもっとまずかろう。教育基本法違反じゃないとしても学校教育法違反になると思うし、それを見逃している津市の責任を小林市議は徹底追及すべきだろう。

もう一つまずいことがある。

私は経験上、生徒が多い大学はCランク、生徒しかいない大学はDランク以下、と気づいた。数年前、親しかった某大学の教授が亡くなり、葬儀に参列したことがある。祭壇の遺影の横には花輪がいくつも飾られていたが、そこに「○○大学生徒一同」の札が付けられていたのには仰天した。教授は著名人だったので、その花輪ともども葬儀風景がニュースで全国に流れた。大学受験情報誌で確認しなくても、○○大学は「生徒一同」が集う偏差値三十台のDランク大だと知られてしまったことになる。こうした一方、東大生で「我々東大の生徒は」と話す学生を見たことはない。マンションの一室に女を連れ込み集団でワルサをする学生はいるけれど。いや、これは生徒でもやるな。

小林市議の発言で三重短大は未熟な生徒が通う低ランク大だと暴露されてしまったことになるが、それでいいのだろうか。三重県は私が住む愛知県の隣県で、愛知県から三重短大に通学する学生もいる。同大は三重県に三つしかない国公立大学の一つであり、概して評判もよく学生の質も高い。とても生徒が通っているようには思えない。

ここまで読んできて分からない読者もいないと思うが、念のため説明しておこう。

学校教育法では、大学生（短大生を含む）を「学生」、中学生・高校生を「生徒」と定めている。日常語でも同じだ。今では死語になった全学連や全共闘は学生運動であって生徒運動ではない。部活の体育館の割当てを決めるのは生徒会活動であって学生会活動とは言わない。ただし「学生」を広義に使うことはある。中高生が着ても大学生が着ても「学生服」。映画館の「学生割引」は中高生も可。反対に「生徒」を広義に使う例は低偏差値大しかない。英語のstudent（学生）とpupil（生徒）もほぼこれに対応している。中学の生徒の時に習ったけどね。

（二〇一六・七・十五）

［補論］

市議会で教育基本法に関して発言する議員が「学生」と「生徒」の区別も知らない。なんと恥ずかしい議員だろう。こんな人物は日本中でも珍しい。というつもりで本論を書いたのだが、先日スクラップブックを開いてみたら、誤用例がゾロゾロ出てきた。事例収集しておきながら、忘れていたのだ。

二〇一一年一月二十三日付産経新聞に、元警視総監の米村敏朗の寄稿にこんな文章があった。米村は京都大学法学部卒だが、大学時代の思い出をこう書く。

「教室に来られた教授は、いつもよりはるかに多くの生徒がいるのを見て…」

京大生は自らを生徒と言うらしい。いや、法学部の生徒だけかもしれないが。

二〇一六年七月十三日付産経新聞に、タレントの萩本欽一へのインタビュー記事が載った。萩本は現在七十代半ばにして、駒沢大学仏教学部に通う学生である。記事ではこう紹介する。

「〝型破りの生徒〟が自身の大学生活を振り返った」

曹洞宗系の駒沢大学で仏教学を学ぶのだから、学生《がくしょう》と言ったら、これは見事だったのだがね。生徒かぁ。

産経新聞だけではない。朝日新聞（名古屋本社版）二〇一五年十二月十七日付記事は、愛知淑徳大学で学生が窃盗犯を捕まえたお手柄を報じている。

「〔不審な〕男が校内で生徒の財布を盗み、逃げようとした際、三木さんが登校」

学生の三木さんはお手柄だが、記事は大恥である。

この日なんの日

二〇一六年七月十四日の朝、紅茶にマドレーヌをひたして口にし、朝刊に目をやると、子供の頃の懐しい記憶がよみがえってきた。昆布飴をなめながらアヒル小屋の方で駄洒落を言い合っていた思い出である。

紙面には精密光学機器メーカー、オリンパスの広告が出ていた。「今日は内視鏡の日」。確かにオリンパスは内視鏡も作っているけど、今日はその発明記念日なのか。と思ったら、そうではなかった。「7（な）・14（いし）」なんだって。日本の光学技術は世界に通用するが、この駄洒落技術は世界に通用しないだろう。それどころか、七月十四日を内視鏡の日とするセンスも世界では通用しないだろう。この日はフランス革命記念日だからである。

フランスでは「国民祭日」と言う。英語では「バスティーユの日」と言う。バスティーユ監獄襲撃で革命が始まった日だからである。そして翌日のニュース（フランスでは十四日夜）では、大型トラック暴走テロが報じられた。この日をねらった凶行らしい。

バスティーユの日を内視鏡の日としてしまうぐらいだから、日本でバスティーユ監獄襲撃の実態が知られていないのも当然だろう。政治学者の丸山真男は、何かの本にベルサイユ監獄襲撃と誤って出ていたと怒っていた。だいたい、ユしか合っていないし。

私も高校時代の世界史の授業では年号を暗記させられたことぐらいしか憶えていない。教科書には図版として監獄襲撃を描いた当時の銅版画が載っていた。圧政に怒った民衆が収監されている政治犯たちの解放を求めて監獄を襲撃しているように見えた。それが全然ちがうことを後に知った。

最近の教科書類では少し変わってきた。山川出版社の『詳説世界史研究』には「囚人7人を解放した程度」と記述されている。たいした意義はなかったことが感じ取れるが「囚人」の内容については書かれていない。自由と平等を訴えて政治犯となった革命家たち七人、と読む生徒も出てくるだろう。

実は、この七人の囚人の中に革命家だの政治犯だのは一人もいない。有価証券偽造者が四人、精神異常者が二人、放蕩息子が一人。以上七人であった（中公新書『物語フランス革命』）。精神異常者を刑務所に収監するのは別の意味で問題があるし、放蕩息子を収監するのは現代では意味が分からない。当時はこれらの人たちは「禁治産者（現在の成年被後見人にほぼ相当）」として、社会から隔離されていた。現代日本でも成年被後見人は二〇一三年まで選挙権はなかった。だから、バスティーユ監獄襲撃・囚人解放は、三人に関しては禁治産者解放運動だったと言えなくはないけれど、政治犯解放運動だったわけでは全然ない。バスティーユ襲撃に立ち上がった民衆は、見当違いの方向に立ち上がっていたのである。

フランス革命を理解するには、その内実をまず知らなければならない。内実は内視鏡を使わなくても、研究書を何冊か読めば分かることなんだけど。

（二〇一六・八・五）

［補論］

七月十四日は、本論に書いたように、フランスの国民的祭日である。しかし、日本では「パリ祭」と呼ぶことが多い。

日本の首都東京には「大東京祭」がある。一九五二年に東京都が条例で制定した十月一日の「都民の日」に催される。現在では「ふるさと東京まつり」と改称されている。

この日は、明治期に東京府下に東京市が設置された日を記念したもので、それを祝賀した祭が大東京祭だ。

大東京祭は都民もその名を認識しているが、パリ祭はパリ市民がその名を知らないというより、パリ祭という名称は日本人しか知らない。ルネ・クレールの恋愛映画『七月十四日』を『巴里祭』と邦題して大ヒットし、それからこの日を日本ではパリ祭と呼ぶようになった。

この話はそれなりに知られており、それ故に良識家の中には、この日が革命記念日であることが忘れられがちだ、隠蔽の気配さえ感じられる、と嘆く人もいる。映画が戦前に公開されたから、そうも考えうるのだが、うがち過ぎだろう。それより、本論に書いた歴史教科書におけるバスティーユ監獄襲撃の記述の方に隠蔽の気配を感じる。フランスの教科書ではどうなっているのだろう。

憎しみの名曲

二〇一六年七月二十二日から三日間、フジロックフェスティバルが開かれた。ロックを中心にジャズやフォークも含む野外音楽祭で、この年で二十年目である。といっても、私はこの音楽祭そのものに興味はない。この音楽祭をめぐる言説、つまりこういう音楽祭をやりたがる連中の音楽観・芸術観・文化観の貧しさに関心がある。

今年のフジロックには、安保関連法案反対運動の中心メンバーが出演することになった。これに対し、音楽に政治を持ち込むなの声が挙がり、それを批判する声も出た、という。二〇一四年にも同様の議論があったようだ。

音楽に政治を持ち込んで何が悪いのか、私にはよく分からない。音楽に「良い政治」を持ち込んで良い音楽になることもあるし、「悪い政治」を持ち込んで良い音楽になることもある。「良い政治」を持ち込もうが「悪い政治」を持ち込もうが、何の感動もない悪い音楽になってしまうこともある。音楽に求められるのは感動なのだ。

事実「悪い政治」を持ち込んだ感動的な名曲は歴史上枚挙にいとまがない。

ショスタコービッチは二十世紀を代表する作曲家で、最も有名なのは交響曲第五番『革命』である。この革命とはソ連の社会主義革命のことだが、作曲されたのはスターリンが権力を握り七十万人もの大虐殺が行なわれた一九三七年である。自らも粛清を恐れたショスタコービッチがスターリンの意を汲んで作曲したと言われる。しかし、この第五番は感動的な名曲である。虐殺された七十万人にも聞かせたいぐらいだ。

クラシックなんて知的俗物が聞く音楽だから、そんなものだ、と言う人もいよう。それなら、一九六八年フォークブームの中でヒットした『イムジン河《がわ》』はどうか。それこそ政治問題がからみ『リムジン江《ガン》』が原曲だという騒動も起きた。どっちにせよ、祖国を分断した南朝鮮（韓国）の指導者を怨嗟《えんさ》したきわめて政治的な曲であって、しかも名曲なのである。

では、「良い政治」なのか「悪い政治」なのかは知らないが、ずばり政治そのものである日本共産党指導下の「歌声運動」で歌われた和製革命歌、和製労働運動歌に、こうした名曲はあるのか。『がんばろう』や『沖縄を返せ』が名曲だとは、とても思えない。

一方、昨今こうした運動の中でなぜか忘れられ歌われなくなった『憎しみのるつぼ』は、どうか。

「憎しみのるつぼに赤く焼くる
くろがねの剣《つるぎ》をうちきたえよ
くろがねの剣をうちきたえよ」(E・ラージン作、鹿地亘《かじわたる》訳)

こんなに短い曲でありながら、それ故に簡潔で力強く、魂をふるわせる名曲である。特に男声合唱がすばらしい。これを聞くとただちに武器を手に取って敵陣に殴り込みたくなるほどだ。憎しみを歌うことがこんなに人を感動させるほど、音楽は力を持っている。反ヘイト運動をやっている人たちよ、『憎しみのるつぼ』を忘れるな。ヘイトが先にこれを歌い出したらまずくないか。

(二〇一六・八・二十六)

[補論]

二〇一八年四月二十一日の朝日新聞書評欄にカロリン・エムケ『憎しみに抗って』が大きく紹介されている。評者は早稲田大学教授の政治学者斎藤純一である。書評は次のように始まる。

「このところ『ヘイトスピーチ』や『ヘイトクライム』といった『憎しみ』を含む言葉を耳にすることが多くなった。実際、ネット上では増悪表現が当たり前のように飛び交っている」

　本当だろうか。統計調査をしたわけではないから断言はできかねるが、経験的に言って、さまざまなところで増悪表現は少なくなっているのではないか。ネットなんてものは歴史が浅いから現在とは比較しようがない。ネットに近いものとして、酒場政談や井戸端会議を考えてみると、かつては増悪表現は現在と較べものにならないほど多かった。もっと古く、フランス革命時に歌われ、後にフランス国家にもなった『ラ・マルセイエーズ』なんて、むきだしの増悪に満ちている。邦訳の一節にもこうある。

「憎しみを火と燃やし　圧制を砕きて　歌え　わがかちどき」（中央合唱団訳詞）

　斎藤純一は、自らのイデオロギー的願望と現実を取り違えているのではないか。現代は憎しみを表現しにくい「表現規制」社会になっているように、私は思う。

リボンとボタン

二〇一六年八月四日付朝日新聞「朝日川柳」欄の第一句にクスッと笑った。

女性なら戦《いくさ》せぬとは限らない　千葉県　村上健

前日、安倍第二次改造内閣の防衛大臣に稲田朋美が就任したことを諷刺したものである。クスッと笑ったのは、この句が割りと出来がよかったからだけではなく、朝日新聞に代表される革新派・リベラル派の従来の論調を諷刺することにもなっているからである。作者がそこまで意図していたかどうかは知らないが。

この種の革新派・リベラル派が好む女流歌人与謝野晶子に、こんな一首がある。

女より智慧《ちえ》ありといふ男達
　この戦ひを歇《や》めぬ賢こさ

ここに詠まれた「戦ひ」とは、作歌時期から見て第一次世界大戦のことだろう。日本も対独宣戦し、支那の青島《チンタオ》に軍を進めている。男たちは常日頃、男は女より智慧があると言っているが、戦争を止めることさえできないではないか、という皮肉である。有名な「君死にたまふことなかれ」と同系の反戦歌ということになろうか。

反戦思想はそれでいいとして、この晶子の歌には、女こそが反戦平和の担い手であるという思考がある。情緒論としてはそれもありうるし、詩歌が情緒論の上に成立するものであれば、それも当然かもしれない。しかし、政治論、社会論として考えれば、この種の思考はたちの悪い迷信のようなものだろう。女が反戦で男が好戦だなんて、何の根拠もなく、こういう迷信が女の社会進出を妨げてさえいる。女性防衛大臣は、一人目が小池百合子（現・東京都知事）、稲田でやっと二人目なのだ。

同じく八月十六日付朝日新聞の外報欄には「シリア　増える女性兵」という記事が載った。内戦下のシリアでは、ここ数年で千人もの女性が政権軍に志願し、戦闘行為に加わっている、という。女性の社会進出が遅れているイスラム圏にも新しい波が生じつつある。

以前、ある大学で講師を勤めたことがある。その大学は旧女子大で現在も女子学生が九割ほどを占める。講義は自ずと女性啓発の傾向が強くなる。

私は学生たちに問うた。女性の社会進出が強く叫ばれた時代は、いつだったと思う？

ぱらぱらと手が挙がる。一人が言う。新憲法が施行された直後ですか。私は首を横に振る。別の一人が言う。一九七〇年前後のウーマンリブの頃ですか。また私は首を横に振る。さらに一人が、ピンと来た顔で言う。戦時中ですね。

その通りだ。女だからといって家庭に閉じこもっていてはいけないと強く叫ばれたのは戦時中なのだ。戦争こそが女の社会進出を促進したし、これからもそうなのだ。だって、兵器の改良を考えてごらん。槍や刀を扱うには体力が必要だ。しかし銃の発明によって、大砲の出現によって、戦争は女にも容易にできるようになった。ましてボタンを押すだけで……。

女子学生はリボンをつけた頭で困ったようにうなずいた。

（二〇一六・九・九）

［補論］

私が学生時代だった一九六〇年代後半は、全共闘運動など学生運動が盛んであった。女子学生で参加する者も多かったが、たいてい握り飯作りか救護班要員であり、もっと実戦に参加させろという声も出ていた。ただし、当時はせいぜい角材を手に持つ程度で、基本的には肉弾戦だったから、どうしても女子は安全を考慮してデモ隊の内側に配置された。スポーツでも、男子と女子は別枠である。それと同じだ。その十年近く前の一九六〇年「安保闘争」の時もデモ隊の中にいた樺美智子が死亡している。機動隊の暴行のためだという説もあるし圧死だという説もある。

本格的に女子学生が実戦に加わったのは、一九七一年以降である。赤軍派の重信房子は同年春出国しパレスチナに向かい、女性兵士としてゲリラ戦に加わった。同じ頃、国内では連合赤軍が武装化を進めていた。指導者は永田洋子であった。連合赤軍は銃砲店から奪った猟銃を持ち、女子も射撃訓練をした。重信にしろ永田にしろ、銃が女性兵士を可能にしたのである。まして「ボタン」であれば、さらに女性の活躍するチャンスはふえるだろう。

現在、女性の活躍が拒まれている職場がいくつかある。死刑執行をする刑務官もその一つだ。慣習上なのか法律上なのか分からないが、女性の社会進出の妨げになっていることは間違いない。これも男女の体力差を問わない仕事だ。是非女性も手を挙げてもらいたい。ボタンを押すだけの仕事なのだから。

成果は何だ⁉ これだ‼

二〇一六年八月末、安全保障関連法に反対する学生団体ＳＥＡＬＤｓ《シールズ》が一年三ヶ月の活動を終えて解散した。彼らの活動をどう評価するか。新聞・雑誌に掲載された記事の中で面白かったのは同八月二十三日付の産経新聞の社説「主張」である。その論旨自体はよくある保守系のシールズ批判なのだが、皮肉が利いていて、その部分が面白かったのだ。

まず、見出しが「『勝利』まで戦い続けては」。本文では「若者が声をあげることに一定の評価は惜しまない。解散などせず、『真の勝利』を目指して戦い続けてはいかがか」。

ほめ殺しだろう。類型的で固苦しい論調が多い新聞社説の中では珍しく楽しい。

私自身はシールズに一貫して冷笑的だった。あんなものは、良くて徒労、悪くすれば安倍政権を利するだけだ、と思っていた。徒労は説明の要はないだろう。安倍政権を利するとは、異論を許す寛大な政権というイメージを作るからであり、また、機動隊のかっこうの警備訓練相手になったからである。安倍政権を支持する立場ならば、これで悪くなかろう。しかし、安倍政権を批判するつもりで敵を利していちゃ、話にならない。

政治とは、願望や理念を唱えることではない。それを現実化することだ。そうでなければ、床屋政談、酒場談義と同じである。

シールズに批判の声が出る一方、積極的に評価する声も当然ある。朝日新聞には、シールズ同伴知識人の高橋源一郎が談話を寄せている（八月二十七日付）。

高橋は言う。政治は「勝ち負け」がわかる世界だから、目標が達成できなかった以上、限界はあった。しかし、社会と文化に深い影響を与えたのではないか。

なるほど、高橋の言うのとは別の意味で、そうかもしれない。

シールズのデモは、旧来のデモと違ってラップ調で主張を訴えている。これが誰でも楽しくデモに参加できることを可能にしたらしい。前述の高橋の談話にある「ふつうの人」の運動ということだろう。しかし、「ふつうの人」が参加したから、その運動が「正しい」とは言えないし、ラップ調で楽しければそれがいいということにもならない。ナチスのユダヤ人排斥だって「ふつうの人」の運動だったし、支那の文化大革命だって「ふつうの若者」が数億人も参加した運動だった。ともに、音楽や映画や街頭パフォーマンスを全面活用した「楽しい運動」だった。
シールズが社会と文化にいくらかは良い影響を与えたかもしれないと、私が思うのは、次のようなことだ。シールズのデモのラップ調掛け声に、こんなのがあった。

民主主義って何だ⁉

これだ‼

言いえて妙である。私は三十年前の著書で言っている。民主主義とはバカは正しいという思想である、と。最近やっとポピュリズム批判の中で、この基本認識が議論の俎上にのるようになった。シールズのおかげでもあると思う。

（二〇一六・九・二十）

［補論］

シールズがまだ活動中の二〇一五年十月二十五日付の朝日新聞に編集委員の松下秀雄がこんなことを書いている。

「私はＳＥＡＬＤｓの若者たちに敬意を抱いている。『戦争法反対』と唱えているからではない。主張の中身はさまざまでいい。自分の頭で考え、言葉にする。『私は嫌だ』

といえる、空気に流されにくい社会をつくる、それをめざし、圧力に負けずに取り組んでいるからだ。それこそ、この国の民主主義にとって大切だからだ」

シールズより数年前、「在日特権を許さない市民の会」（在特会）が結成された。その名の通り、既成政党や労組とのつながりのない市民一人一人が集まって結成された市民運動団体である。たぶん松下とは「主張の中身」は違うだろうが、それは「さまざまでいい」はずだ。それよりも「自分の頭で考え」「『私は嫌だ』といえる、空気に流されにくい社会をつくる」べく「圧力に負けずに取り組んでいる」ことが「大切だ」。松下はこれにも「敬意を抱」くのだろう。

在特会は「自分の頭で考え」たからこそ駄目なのではないか。馬鹿の考え休むに劣る。朝鮮人は嫌だと言えばいいわけではない。圧力に負けず、空気に流されなければいいわけではない。

松下の小論で評価すべき点が二つある。一、シールズと在特会が同類であることを暗《あん》に指摘したこと。二、両者が「民主主義にとって大事」だと、これも暗に指摘したこと。

法治主義という麻薬

フィリピンのドゥテルテ大統領の言動に注目が集まっている。これを報じるマスコミの姿勢に微妙なとまどいが感じられて面白い。現代の良識なるもののアキレス腱がそこに露呈しているようだ。

ドゥテルテは、二〇一六年六月末に大統領に就任後、九月初めまでの二ヶ月間で千百人もの麻薬犯罪容疑者を殺害した。警察官のほかに民間の処刑団も動員し、裁判手続きもない「超法規的殺人」を行なった。一部に冤罪被害者も出ている。

これに対し、アメリカなどを中心に国際的批判が起きた。しかし、ドゥテルテは強く反撥した。「私は独立国家の大統領だ。フィリピン国民以外の誰からも指図されるいわれはない」

日本もフィリピン同様、アメリカの勢力圏にあり、そのため特に革新派には反米意識が強い。だからといって、ドゥテルテはよく言ったと、拍手はできない。法治主義に反する強権政治家だからだ。保守派も似たようなものでドゥテルテを支持するわけにもいかず、やっぱり法治主義は大切だと、口ごもる。

真の論点は、その法治主義という政治の限界なのである。

法治主義とは法による政治、すなわち、法による統治権力行使ということである。しかし、それを認めているのは当の統治権力である。統治権力があって法治主義がある。統治権力はその初めに、そして根底に、必ず暴力装置を持つ。軍隊・警察である。いったん統治権力が安定裡に成立すると、近代国家の場合は法治主義が始まる。

日本が外国の侵略を受けた時、国民がレジスタンス運動を展開したとしよう。法治主義を遵奉《じゅんぽう》する警察や裁判所はこのレジスタンスに銃刀法や傷害罪を適用しようとするだろう。しかし、統治権力が空白状態であるから、この法治主義は無意味である。やがてレジスタンスが勝利し、新しい統治権力が成立すると、レジスタンスに銃刀法や傷害罪を適用しようとした法治主義者は新しい法律によって最悪で死刑になるだろう。

法治主義はこのように常に法治主義の内側にしか働かない。法治主義の適用外、範囲外にある政治現象を「政治の例外状況」という。それは、法律という外皮をはいだ「むき出し《の》の政治」ということでもある。ドゥテルテ大統領は、自分の主観においては、今そういう状況の政治をしている。この主観が本当に正しいかどうかは分からないが、これもまた政治の姿なのである。そして、ドゥテルテが勝利し、麻薬の絶滅した「良い社会」が実現したら、それを否定することはできない。

麻薬の蔓延《まんえん》に苦しんだのはフィリピンだけではない。清朝末期の支那も同じである。これを憂え憤った林則徐はアヘン業者を処刑しアヘンを焼き捨てた。これは「違法」であるため、イギリス軍によって制裁を受けた。アヘン戦争である。ドゥテルテが林則徐ほどの偉人であるかどうか分からないが、構造は同じではないか。

法治主義の限界が問われる事件が起きると、良識家は沈黙する。

（二〇一六・十・十四／二十一）

［補論］

法律について考える法学の立場に、大きく二つのものがある。

一つは、実定法主義。実定法positive law（実際にある法律）の中で思考するという立場。法実証主義legal positivismと言う学者も多い。もう一つは、自然法主義。自然法natural lawとは、習俗、倫理、心理、政治、さらには神など、自然にある（制度としての法の外にある）規範に沿った法の運用を考える立場。なんとなく自然法主義の方がよいようにも思えるが、この立場では法の独立性が損なわれ、法は習俗や政治や宗教に抗することができなくなる。実定法主義にも弱点があって、人民がその法を否定し、従わなくなることもある。何の合理性がなくても、実際に法は定められうるからである。要するに、実定法主義と自然法主義は、常に並立する二つの法思想なのである。

法が安定的に運用されている社会は、政治的にも習俗的にも宗教的にも安定している社会であり、それ故に法の運用も安定しているということであり、二つの主義は相互依存・相互補完の関係にあるようなものだ。

これが崩れた時が危機であり、秩序の例外状況とも呼ぶべき時である。戦争、内乱、天変地異に見舞われた社会がそれである。フィリピンは、これに近い状況にあることになる。

反共主義者から学べ

最近、学生から「先生、共産主義の概説書のいい本はありませんか」と聞かれることがよくある。社会運動だの支那や北朝鮮の動向だのが報じられる割に、その根底にあるらしい共産主義が、真偽も含めて分かりにくいのだろう。

でも、概説書って……。日本共産党の出している共産主義入門のたぐいか。真逆!(「まさか」と正しく読んでね)。そんなもの読んだって無知の地獄へ真逆様だ(「まっさかさま」と正しく読んでね)。となると、そうだ、優れた反共主義者が書いた名著があった。

一つは、小泉信三『共産主義批判の常識』(一九四九年刊、後に文庫、全集)である。

私は一九六〇年頃、中学生の時、父の本棚にこれを見つけて読んだ。そして、これを共産主義の入門書だと誤読した。『共産主義　批判の常識』だとしか思えなかったのだ。つまり、共産主義は社会批判の常識である、と説いた本だと、愚かな中坊は思った。共産主義の弱点も指摘してあるけれど、なぜ共産主義が多くの人を魅了するのかについても詳論してある。後に再読してみると、序文にこうあった。

「これを読んでますます共産主義の確信を堅めたというものがあっても、それもやむを得ない」

この度量と教養。感嘆した。

もう一冊が猪木正道『共産主義の系譜』（一九四九年刊、一九八四年に増補版、後に著作集）。

猪木の著作は、一九七〇年頃、古本屋の均一棚で『読書の伴侶』という座談集を見つけて読んだ。しきりに共産主義文献を推薦しているので奇異な感じがした。というのは、その年、猪木は防衛大学校長に就任していたからである。右翼は、防大はソ連のスパイに乗っ取られたと批判していた。さすがにそんなことはないだろうとは思ったが、そういう言いがかりをつけられる面もあると思った。私は中坊の時も愚かだったし、大坊になっても愚かだった。

猪木の主著『共産主義の系譜』を読んだのは、その二十年ほど後のことである。既にソ連・東欧の共産主義は崩壊していた。しかし、逆にこの本によって共産主義の軌跡が的確な見取図のように把握できた。十九世紀中葉のドイツの政治状況・思想状況から始まり、二十世紀初めのロシヤにおける共産主義の伸長が見事に分析されている。カウツキーがなぜ駄目だったか、トロツキーがどう脆弱《ぜいじゃく》だったか批判する視点など、日ソ両共産党のカウツキー批判、トロツキー批判よりむしろ鋭利なほどである。

しかし、猪木のこの本の優れているところは、政治論・運動論として共産主義の強さを客観的に認識していながら、哲学にまで遡って根源的に批判している点である。

猪木は言う。「歴史においてただ一回しか生起しない個別的な人格の本質は、マルクスにとって永遠の謎にとどまっている」。「民衆は貧賤であればあるほど、無知であればあるほど、かえって貴いというニヒリズムがある」。ここにこそ共産主義の恐怖の淵源があるとする。哲学史を踏まえた卓見であることは、四十代半ばの私にはちゃんと分かった。

（二〇一六・十一・四）

［補論］

共産主義は、今では貧富の差を（極限にまで）なくす運動とのみ理解されるようになっている。しかし、その程度の格差解消運動なら、世界中で経済学者のみならず文学者をも科学者をも歴史学者をも熱狂あるいは逆に戦慄させはしなかったはずだ。猪木正道が指摘するように、人間観・世界観すなわち哲学問題がその根底にあった。ただし、共産主義者はもとより反共産主義者もそのことをよく理解していなかった、特に日本では。

ロシヤ共産主義の最高指導者レーニンには、事実上一冊だけ哲学書がある。『唯物論と経験批判論』だ。河出書房「世界の大思想22」でこれを翻訳した川内唯彦は「レーニンの哲学思想」の「不可欠の文献」としている。

この本の中核となるのは、十九世紀ドイツの哲学者アヴェナリウス批判である。ところが、ヴァレンチノフ『知られざるレーニン』（原題『レーニンとの出会い』）によると、レーニンはアヴェナリウスの難解で大部の主著『純枠経験批判』（もちろんドイツ語で書かれている）をわずか三日で読了したことになっている。読了というより放棄である。

この『知られざるレーニン』は欧米ではベストセラーになりながら、邦訳版は大して売れず、逆に現在古書価は高騰している。アヴェナリウスのまとまった邦訳は一冊も出ていない。

共産主義理解はナイナイ尽しである。

「差別認定」の愚行

二〇一六年十月、沖縄の米軍ヘリパッド移設工事に反対する活動家たちを、警備の機動隊員が「土人」とか「支那人」とか呼んだとして議論が起きている。議論といっても、無知な者が無知な者を論難しているだけだから、何の深化もない。

「支那」問題については、私は全共闘の学生だった頃から、支那は「支那」だと言い続けてきた。世界共通語である「支那」が日本でだけ禁圧される差別性を批判してきたのだ。

ここではごく短く今回の事件について一言しておこう。

機動隊員は「支那人」を侮蔑的な意味で使ったらしいが、これがそもそも無知である。支那人を侮辱する言葉は別にある。そんなことさえ知らないのだ。どうせなら「ヤンキー」と罵《ののし》ってやればよかった。ヤンキーはアメリカ人の俗称・蔑称であるのと同時に、不良青年や愚連隊の意味でも使われる。米軍施設反対運動の連中をヤンキーだなんて、面白い。

もう一つの「土人」についても、私は三十年以上前から何の問題もないと主張してきた。

事実、当時普通に使われていた言葉である。

研究社の『新簡約英和辞典』（一九五六年初版）は名辞書の誉《ほまれ》高く、長期に亘《わた》って重版が続いた。版が切れた一九八〇年代に入っても、古本屋で人気商品だった。この辞典でIndianを引くと「インド人」の他に「アメリカ土人」と出てくる。インディアンはアメリカ土着の人だからである。白人は渡来人なのだ。当然、奴隷として連れて来られた黒人は土人ではない。「土人」からはこれだけの意味を読み取ることができる。

長谷川町子の『サザエさん　うちあけ話』（姉妹社、一九七九年）は朝日新聞に連載されて人気を博した。そこに麻酔薬の起源として「土人が狩のふき矢に使う毒」とある。これで朝日新聞社を取り囲む三十万人（主催者発表）の抗議デモが起き…たりはしていない。今年朝日新聞出版から復刊された版では「底本どおりに掲載」という注が付いている。

土人とは土着の人、土地の人の意味であるから、日本人同士でも使われる。江戸後期の方言辞典『物類称呼』（岩波文庫）にも「尾張の土人」の方言が出てくる。徳川御三家の一つ尾張の人でも土人として何の不思議もない。

「土着」という言葉を知らない無知な輩が「土に汚れた人」の意味だと「差別認定」して

騒いでいるのだ。ネット右翼の「在日認定」と同類の愚行である。
最近ではジャーナリズムは「土人」の積極面をためらいながら認め出した。少し古いが、二〇〇八年六月四日付朝日新聞社説は「この差別的な呼び方そのものが、先住の事実を認めたに等しい」としている。差別が先住の根拠だとは矛盾も甚《はなはだ》しいが、ためらいは感じられる。今回の事件の報道でも、二十一日のＮＨＫニュースでは「土着の人を意味する土人と発言」と、ためらいがちに報じた。ともにジャーナリズムの最低限の良識の表われか。

（二〇一六・十一・十八）

［補論］
声楽家の藍川由美は、音楽史研究者としても優れた業績がある。夫君は政治学者で音楽評論家の片山杜秀《もりひで》だ。藍川の『これでいいのか、にっぽんのうた』（文春新書、一九九八）でも論じられていたが、こんな歌がある。
「椰子《やし》の木かげでどんじゃらほい
しゃんしゃん手拍子足拍子
たいこたたいて笛吹いて

今夜はお祭り　パラオ島
土人さんがそろってにぎやかに
あ　ほういほういよ　どんじゃらほい」
歌の題名は『土人のお祭り』、作詞者は玉木登美夫。戦前の歌だが、戦後は禁止された。戦前は自由に歌われた歌が、表現の自由が実現した民主主義の中で抹殺された。民主主義とはそういうものだから当然でしょ、という考えなら、それでいいのだけれど。
しかし、明るく楽しい名曲だから、なんとか便法を使って再生させようという声も挙がり『森の小人』として復活した。
「森の木かげでどんじゃらほい
（中略）
今夜はお祭り夢の国
小人さんが揃ってにぎやかに」
しかし、これさえも現在禁止されている。コビト製菓から出ていたコビトチョコレートは会社ごとなくなってしまった。

被差別者側が謝罪⁉

二〇一六年秋の米大統領選挙でトランプが勝利した。大方の予想を裏切る形になったが、トランプ勝利を予測していた人も少数いる。その一人が国際政治学者、藤井厳喜だ。同年九月に出た『最強兵器としての地政学』で「トランプ候補が当選する」と明言している。

藤井は、自身の理念や思想はひとまず措《お》き、現実を客観的に分析する。保守派を自任しながら、軍事学的・経済学的な視点から脱原発も唱えている。空想的脱原発論ではないところが重要だ。私は藤井とは以前から交流があり、学ぶところも多いが、トランプ勝利の予測が当たったことに驚嘆した。

その藤井が、十年余り前、講師として勤めていた某大学で契約更改打切りを通告されたことがある。理由は、藤井が講義中、支那を「支那」（藤井は片仮名の「シナ」を使う）と呼んだことである。

「支那」は支那を呼ぶ世界共通語である。支那を差別的に呼ぶ言葉は別にある。「支那」

は差別とも侵略戦争とも全く無関係だ。イギリスもポルトガルも二十世紀末まで百五十年間も支那侵略を続けながら、支那を「支那」と呼んでいる。日本の支那侵略は、長く見て五十年、常識的に見れば十五年（日支十五年戦争）、しかも二十世紀半ばに侵略は終わっている。日本とイギリス・ポルトガルとでは、どちらが侵略的か容易に分かるだろう。

沖縄の米軍施設反対運動警備の機動隊員が「土人」「支那人」という言葉を使ったことが今なお問題になっている。二〇一六年十一月二日付朝日新聞夕刊では、作家の池澤夏樹がこんなことを書いている。

「シナはChinaと同源だが、しかしかつて日本人は蔑視の文脈でこの言葉を使った。だから今も中国の人はこの語を嫌う」

バカなことを言ってはいけない。イギリスやポルトガルでChinaが蔑視の文脈で使われなかったか。R・ノックス（イギリス人作家）の『探偵小説十戒』の第五戒は「支那人を登場させてはいけない」である。なぜならば、支那人は魔術を使う妖しい奴だから、科学的な探偵小説には向かない、というのだ。イギリスでもポルトガルでもChinaは一貫して蔑視の文脈で使われ、支那侵略は今からほんの二十年前まで一世紀半も続いたのだ。

支那はこうした蔑視に一度として抗議したことはない。日本にのみ「支那」使用を禁ずる。理由は、欧米崇拝と日本を含むアジア蔑視だ。最も恥ずべき差別意識がここにある。加えて、日本人の卑屈さ。世界中で差別者が被差別者に謝罪した例は、残念ながら多くない。しかし、差別されている方が差別している方に謝罪している例は、日本以外に一つもない。「差別されてごめんなさい」という異常な言語空間が形成されている。

江藤淳の『閉された言語空間』は副題の「占領軍の検閲と戦後日本」を検証している。だが、同じく連合軍占領下で禁止された「支那」への言及はない。江藤の目もまた曇らされていたのだろうか。

（二〇一六・十二・二）

［補論］

「支那」をいけないとする理由に「邦を支配する」という侵略的意図があるとする人がいる。字をよく見ろ。「那」と「邦」は別の字だ。魯魚《ろぎょ》の誤りである。漢の劉邦は「劉那」ではない。劉那《るな》じゃ、ヤンキー家族の名前に多い暴走万葉仮名じゃないか。

漢字か片仮名かは、書く人ごとに違う。藤井厳喜は数ヶ国語ができる国際政治学者だから「シナ」とするのだろう。「印度」か「インド」か、「越南」か「ベトナム」「ヴェトナム」か。それぞれの見解に従えばいい。しかし、「インドシナ半島」を「インド中国半島」はおかしいし、「インド中華人民共和国半島」としたらもっとおかしい。

朝日新聞社から島田謹二『アメリカにおける秋山真之《さねゆき》』（現朝日文庫）が出ている。そこにこうある。

「〔一八八〇年以降〕イギリスとロシヤの東方進出が急に目立ったうえ、同じ東洋の覇権をめざしてシナが海軍の拡張に熱心だった」

島田謹二なら朝日の出版物に「シナ」と書いても許されるのだろうか。しかも島田の国名片仮名書きは徹底している。

「一八九四年夏、チョーセン問題を枢軸にして、日本とシナとは、砲火のあいだにまみえた」

「朝鮮語」というのを憚って「ハングル語」などという地球上に存在しない言語を捏造するより、「チョーセン語」とすればいい。「チョーセン人」「チョーセン学校」も然りである。

奴隷「保護」とニーチェ

沖縄で機動隊員が口走った「土人」「支那人」問題は予想以上に根が深い。ここで根が深いというのは、日本人の差別意識には根深いものがあるという意味ではない。日本人の差別意識については別途考察するとして、今回感じるのは、ジャーナリズムに代表される知識人世界が俗論に深く侵蝕されているという現実だ。

十一月八日朝日新聞のWEB RONZAに三島憲一が「土人、シナ人……復活する差別語・侮蔑語」を執筆している。プリントを取り寄せて一読したが、とてもニーチェ学者が書くものとは思えない。

ニーチェはしばしば誤解されているけれど、反ユダヤ主義者ではない。十九世紀末ドイツに広がる反ユダヤ主義を明確に批判し、反ユダヤ主義的俗物の傾向のあったワーグナーと決別もしている。ニーチェが「畜群」と罵ったのは、中途半端に豊かになり中途半端に知恵をつけた「衆愚」の隠喩だと解した方が分かりやすい。だからこそ、没後一世紀以上経て今なおニーチェは有効なのだ。いや、ニーチェの専門家の三島には釈迦に説法だった。

三島は俗論をそのまま信じているが、そもそも「土人」も「支那人」も差別語ではない。土人を差別する言葉も支那人を差別する言葉も別にある。あまりにも下品・低劣な言葉で、日本を代表する高級誌「週刊ポスト」にふさわしくないから、私は書かないだけだ。件《くだん》の機動隊員やネット右翼は、下品な上に無知だから、かえってそういった差別語を知らないのだろう。しかし台湾の支那人は本土の支那人をそうした差別語で呼ぶ。

三島は、一九九七年まで存続した「北海道旧土人保護法」を今回の機動隊発言の傍証のように持ち出している。

この法律については、一九八六年秋、国会でその「名称」が問題になった際、「朝日ジャーナル」誌上で私が論じている（『バカにつける薬』所収）。この「旧土人保護法」の「旧」は、大日本帝国憲法を「旧憲法」と通称する時の「旧」ではない。「旧土人」を〝保護〟する法という意味である。「旧土人」とは「旧弊で土まみれの人」という意味ではなく「旧《もと》から土着していた人」という意味である。その土着人を資本主義の荒波から〝保護〟するという名目の法律が「北海道旧土人保護法」であった。

ここで思い出すべきは、ニーチェのドイツ皇帝批判である。皇帝はアフリカの奴隷解放を口実に植民地化を企図した。これをニーチェは批判したのだ。同じように弱者〝保護〟は、しばしば弱者を抑圧する。この逆説は既に十九世紀末に現れ、ニーチェの慧眼はこれを見抜いたのだ。

前にも書いたが、「差別認定」という善意の政治が文化を圧殺し、しかも差別の総量は少しも減じていない。アメリカのポリティカル・コレクトネス（用語適正化）やアファーマティブ・アクション（差別是正策）も同じ問題を抱えている。三島憲一には、ニーチェ学者らしい見識を期待したい。

（二〇一六・十二・十六）

［補論］

差別と保護はしばしば裏腹の関係にある。二十世紀末まで女子労働はいくつもの職種・勤務形態において制限されていた。労働基準法によって、原則的に、残業や深夜勤務は望んでも就労することができなかった。これは女性保護を目的としたもので、半面、女性を労働から締め出すものでもあった。この「女性保護」は「『生む性』の保護」の側面が強いから、戦前の「生めよ殖やせよ」と同旨の国家主義的意味が強いという意見もあるが、「保護」という点では変わらない。少年法などの保護規定でも、子供は国の宝だとする思想が感じられるからである。

現在は、法律の改正によって、産前産後の休暇など特定のもののみに女子労働制限が認められているが、これもまた前に同じだ。

差別が常に何らかの意味での弱者に向けられるものである以上、その否定は保護になるのである。北海道旧土人保護法も、文化的に遅れた連中を保護するために、契約などの行為を制限する必要があるとの趣旨であった。未成年者の契約が無効であるのと同じである。確かに、ヨーロッパ列強はアフリカで滅茶苦茶な「商行為」をしたし、支那でも同様のことをした。相手を対等の法主体・経済主体としたわけである。相手の無知につけ込んでだが。

差別と保護の問題は、実は根が深い。

見識ある復刊

沖縄における機動隊員の「土人」「支那人」発言がジャーナリズムの一部で今も批判の的《まと》となっている。しかし、よく観察してみると「土人」批判が中心となり「支那人」批判は勢いを減じている。「支那人」批判が論理的に成り立たないと気づきだしたのだろう。「東シナ海」も「インドシナ半島」も、これらジャーナリズム自身が使っているのだから。「支那」「支那人」が禁止され、「東シナ海」「インドシナ半島」(支那かシナかは、単なる用字の違い)が許されている矛盾に気づけば、真実は容易に分かる。これは国家権力による言論抑圧なのである。敗戦期の一九四六年、連合国占領下の言論統制策の一環として、原爆の被害報道や米兵の犯罪報道などとともに「支那」使用が禁止されたのだ。同年六月の外務省局長通達が、この言論弾圧の法的根拠である。その文書の中に、「東支那海」などは可とあるから、これらは許されているのだ。

では、支那は、なぜ日本に「中国」を強制したのか。支那が世界の「中心の国」であり、日本（朝鮮やベトナムも）はその属国だと認めさせたいからだ。「中華思想」「華夷《かい》秩序」である。しかし、イギリスやフランスやドイツに、支那は世界の中心だからChinaではなくCentral Landと呼べとは言えない。そんな主張をしたら国際的な笑いものになる。それ故、欧米では「支那」が通用している。

夷《えびす》として差別されている日本人が、嬉々としてこれを受け容れ、この差別を批判する人たちを差別者であると誹謗する。歪んだ〝正義〟が言論界を支配している。

トランプが米大統領選で勝利した時、ホワイトハウスへ安倍首相が真先に駆けつけた。これを「朝貢外交」だと、愚かな言論人たちは批判した。安倍総理の行動は、適否は別として、外交技術の範囲内だ。朝貢外交を批判するなら、支那を「中国」と呼ばせることをまず批判すべきである。朝貢外交は華夷秩序の下で行なわれる。

こんな異常な言論空間が七十年も続き、さまざまな場所で「支那」狩りが行なわれてきた。C・H・ビショップ文、K・ヴィーゼ絵の絵本『シナの五にんきょうだい』の絶版事件もその一例である。

原著は一九三八年刊。日本では一九六一年福音館から石井桃子訳で刊行された。内容は、ユーモラスなホラ話である。支那の五人兄弟は、それぞれ海の水を飲み干すなどの超人的な特技を持っているが、それ故に死刑になりそうになる。しかし、その特技によって助かる。子供が喜びそうな創作おとぎ話である。ところが、一九七〇年代、「シナ」が侵略的で差別的だという理不尽な非難が起き、一九七八年に絶版に追い込まれた。

その後も復刊を望む声が多く、一九九五年、瑞雲舎から新訳が出て重版が続いている。書名は『シナの五にんきょうだい』のままだ。福音館は何におびえて絶版にしたのだろう。周囲の出版人、言論人は何を考えていたのだろう。新訳の訳者は川本三郎である。川本も一つぐらいはいいことをしている。

（二〇一七・一・六）

［補論］

まず次の文を読んでいただきたい。『日本書紀』雄略紀の一節である。漢字は現代漢字に改めておく。

「于時、新羅不事中国」

『日本書紀』は漢文で書かれているが、ここはそんなに難しくない。

「時に、新羅、中国に事《つか》えず」

意味は「その時、新羅は中国に反逆した」である。続く文章では、この事態を受け、天皇は臣下に「お前は出向いて新羅を討て」と命ずる。新羅が「中国」に背いたので征伐せよ、というのだ。なんで日本の天皇がそんなことを命ずるのだろうと思うところだが、それが既に誤読なのである。

『日本書紀』は漢文で書かれているから、和訳（訓読）が古くからある。そこでは「中国」と読んでいる。つまり「中国《みかど》」は「我が国」すなわち「日本」なのだ。「中国」を「日本」の意味で使う例は、他にも『日本書紀』に出てくる。

「中国」は、日本語で三つの意味がある。

①日本：これが本来の意味だ。「我が国」と訳せば、もっと分かりやすい。どの国でも、我が国が「中《センター》」だと思うからだ。当然、支那でも「中国《わがくに》」という語は古くから使われている。

②本州西部地方：京《みやこ》と西国の中間にある国。中国電力、中国新聞、中国銀行など。

③支那の俗称：戦後の言論統制の中で強制された。

人口問題と国際化

スクラップ帖をめくっていて、四十年前、一九七七年一月の興味深い記事を見つけた。朝日新聞経済欄に今も続く「経済気象台」というコラムだ。経済学者、財界人、ジャーナリストの匿名リレー連載である。この回は「復平」名義になっている。論題は「過剰人口の悩み」。

コラムはこう始まる。「いま世の中が不況であるのは日本に人間が多すぎるからである」。そして、こう続く。日本の国土に適正な人口は「先進国水準ではせいぜい五千万人」なのだから、いくら生産性が上がっても不況になるのは当然だ。しかるに、日本は人口抑制策を立てていない。人口問題研究所では五十年後（つまり二〇二七年）には一億四千万人にもなると報告しているし、国土庁は二十一世紀（つまり二〇〇一年以降）には一億五千万人にもなると推計している。どうなるんだ、日本……。

いやはや。人口が多すぎて困る、人口抑制策を立てよ、というのだ。専門家の分析が全く当てにならない。このコラムへの批判が出た形跡はないから、世論全般もこれに納得していたのだろう。この御高見と世論に従って人口抑制策が立てられていたら、罵倒されなくても、「日本、死ぬ」。

人口抑制論から四十年の今、識者も世論も人口増加促進論一色である。人口増加自体は一応目指していいだろう。問題はその方策だ。最有力のものが移民（外国人労働者）拡大論である。だが、これは愚策中の愚策だ。ヨーロッパで移民政策のツケが今深刻な問題になっているではないか。初期アメリカの移民とはちがって、ヨーロッパの移民は要するに後進国の安価な労働力を買う経済政策であった。やがて反乱が起きるのは当然だろう。これは国内に植民地を作るようなものだからである。

不思議なのは、植民地主義反対のはずの左翼やリベラル派の多数がこれの同調者であることだ。グローバリズムだの国際化だのの雰囲気に眩惑されているのである。

私は本義の労働研修生や留学生の受け入れに反対しているのではない。日本もかつて先進国へ同じように若者を送り出した。また、政治的亡命者についても受け容れるべきである。孫文も康有為も、金玉均も、ビハーリー・ボースも、スタルヒンも、全部日本は受け容れた。

ところが、今、サルマン・ラシュディが亡命を求めてきたら、日本はこれを受け容れるだろうか。『悪魔の詩』の作者ラシュディは、イスラム指導者から死刑宣告を受け、何度も身の危険を感じながら転居を繰り返している。その『悪魔の詩』の邦訳者、筑波大学助教授五十嵐一《いがらしひとし》は、一九九一年同大構内で何者かに殺害された。喉首《のどくび》を鋭利な刃物で掻き切られて。日本では前例のない残虐な手口だ。犯人は不明なまま時効となった。ラシュディは厳重な警備に護られて事実上の亡命中だ。日本がラシュディを受け容れたら、半年もしないうちに殺害され、犯人は時効のまま国外逃亡するだろう。出入国管理がゆるい日本は明治時代よりも逆に亡命不適切国となっている。

（二〇一七・一・二十七）

［補論］

最も苛烈な究極の植民地主義は、アメリカの黒人奴隷制である。植民地主義は後進地域を経済的に収奪するものだが、奴隷制は労働力を労働者ごと丸々奪うからである。外国人労働者の移民も、このソフト形だ。多くの人がこの簡単な事実になぜ気づかないのか、私は不思議でならない。

日本企業の海外進出・工場移転も形式的にはこれと同じようなものだ。国内の労働力が高価なので後進国の安価な労働力を使うわけだから。しかし、実質が全く違う。日本企業の海外進出によって後進国にも派生的に産業創出が起きる。単純な話、食堂やアパート業が成り立つ。また、現地人が日本企業で働くことで生産・経営の技術移転も起きる。この点において、移民労働力利用と企業海外進出とは大きく異なる。

国内の人手不足は、流通や建築や介護などの「現場」において深刻であり、これらの海外移転は確かにむつかしい。だが、国内の労働力の偏在、浪費を改革することで乗り切れるはずだ。日本では本当に何の意味もない仕事に就いている人たちがいる。それがどんな仕事なのか、紙幅の関係で述べない。ともかく、その労働力を有効活用すれば、移民に頼る必要はなくなる。三十年後、五十年後、百年後に悔やむことになる「国内植民地主義」の愚策を採るべきではないのだ。

ロシヤ革命か反革命か

今年二〇一七年はロシヤ革命百年に当たる。これから秋にかけてマスコミに愚論が次々に現れるだろう。私はこの連載で逐一これを叩かなければならない。ああ、考えただけで嬉……じゃなかった、面倒くさい。

その序論として、マスコミは一九一七年にロシヤで起きた政変をどう書くか、考えてみよう。私自身が冒頭に書いたように「ロシヤ革命」だろう。しかし、そうだとしたら、一九九一年に起きたソ連崩壊は何なのだろう。当然、ロシヤ反革命だろう。七十四年を経て（一九二二年のソ連成立からだと六十九年）、やっと反革命が実現したのだということになる。では、マスコミは一九九一年の政変を「ロシヤ反革命」とするだろうか。しないだろう。

今私が書いたように、最もニュートラルに「ロシヤ政変」とするかもしれない。それなら、一七八九年に起きたフランス革命もフランス政変だろうし、一八六八年の明治維新も明治政変だろうし、一九一一年支那の辛亥革命《しんがい》も辛亥政変だろう。

この問題を解決するため便法として、一九一七年の政変も一九九一年の政変もともにクーデタと呼ぶ論者も出てきている。半世紀ほど前に受験勉強のために暗記した「六四五年、大化改新」も、最近は「六四五年、乙巳《いつし》のクーデタ（また乙巳の政変など）」と名称変更されている（六四六年の詔《みことのり》発布を「改新」の始まりとする）。つまり、価値判断の伴う「革命」「改新」という言葉を避けようという意図である。

しかし、大化改新は、クーデタ後に改新は起きたのであり、全体として大化改新である。一方、ロシヤの場合、一九一七年のクーデタ後の七十四年間は何だったのか。クーデタ後に地獄の政治が始まったとするなら、一九九一年のソ連崩壊こそロシヤ革命だろう。

あるいは、一九一七年の政変はエセ革命であったという解釈もありうる。ソ連共産党内の反スターリン派であったトロツキーの流れを汲む共産主義者なら、そう言うだろう。また、ロシヤ革命直前期の革命勢力のうちの反共産主義の人たち、社会革命党、無政府主義者、さらにメンシェビキたちも、そう言うだろう。

だが、そのエセ革命社会が一九九一年に崩壊して、その後、トロツキー派や社会革命党が息を吹き返したり注目を集めるようになっているわけではない。ロシヤの民衆がトロツキーの肖像を掲げてプーチン打倒のデモ行進をしたという話は聞いたことがない。

ソ連という地獄の政治への不満や反撥や批判は、民衆からも政治家からも思想家からもずっとあった。しかし、ソ連は約七十年間も続いた。これを崩壊させたのは、アメリカのレーガン大統領である。レーガンが核競争を仕掛け、これを受けたソ連も軍拡に走り、経済的疲弊の結果、崩壊に至った。

ロシヤ革命について考えるなら、これらの論点についてこそ考えなければならない。ソ連崩壊後からでも四半世紀以上経っているんだし。

（二〇一七・二・十）

［補論］

革命か反革命かは、前に論じた保守・革新、右翼・左翼に生じている混乱と根は同じなのである。

同様のことは、一九六六年から一九七六年まで続いた支那文化大革命についても言える。支那政府は、現在では文革は誤りであったとするが、それなら「文化大革命」という名称を改めなければなるまい。「文化反革命」「文化大破壊」あたりが適当だろう。

文革期には「批林批孔」が叫ばれた。国防部長林彪《りんぴょう》を反革命と批判し、孔子を反動の源として批判する、というわけだ。しかし、最近は様子が変わってきた。林彪再評価の声も出始めたし、孔子に至っては「民族」の象徴のような扱いになり、世界中に孔子学院を設置するまでになった。

その孔子の言行録《アナレクツ》『論語』に、こんな言葉がある。

「必也正名乎」（第十三篇子路篇）

必ずや名《な》を正さんか。

為すべきことは、名《ことば》を正すことだ。それこそが思考、文化、秩序の基本なのだから。

孔子学院を作って孔子主義《コンフューシャニズム》を広めようとするなら、まず「文化大革命」の名を正すべきではないか。

リンビャオって誰？

二〇一七年一月、朝日新聞に「林彪《りんぴょう》事件をたどってⅡ」という全十回の特集記事が連載された。支那文化大革命期の一九七一年九月、有力者の林彪がソ連亡命を企てたが搭乗機が墜落し、林彪は死んだ。謎に包まれた事件を追った連載で、なかなか興味深かった。

しかし、一月二十七日の最終回で奇妙な記述に気がついた。

「著名な中国人作家、葉永烈《イエヨンリエ》(76)は、毛沢東が林彪事件後、急速に『老け込んだ』との話を元高官から聞いたという」

連載タイトルにある「林彪」は「りんぴょう」とルビがふってある。しかし、記事中の「葉永烈」は「イエヨンリエ」である。タイトルと同じ方式なら「ようえいれつ」だろう。正しくは「葉」は人名の場合は「しょう」であるが（書渉切）、慣用読みの「よう」でもいいだろう。

ともあれ、支那人名の読み方に不整合が生じている。支那人名を支那語発音で書かないのは差別だという異常なイデオロギーが言論界・教育界を支配した結果だ。

歴史上の人物、李白や王陽明などは日本漢字音で読み、現代人名は支那語音で読む、というつもりらしいが、葉永烈は林彪死亡時に三十一歳。二人は同時代人だ。仮に王陽明という現代の大学生がいたら、思想家の王陽明は「おうようめい」、大学生の王陽明は「ワンヤンミン」とするのだろうか。王陽明《ワンヤンミン》は北京大学で王陽明《おうようめい》の思想を専攻している、とか。中には、林彪も支那音で表記しろという人がいるかもしれない。では、それは「リンピャオ」か「リンビャオ」か。

漢字は表意文字で、表音文字はない。そのため外国人（欧米人）向けにラテン文字による表記が考案されてきた。しかし、音韻体系が全然違う二種類の言語だから、ラテン文字表記は便宜的なものにすぎず、通常のローマ字読みをしても正しい発音にはならない。

林彪はlin biaoである。声調（語の抑揚）符号はここでは省いた。実際、英字新聞だろうと、空港の発着便のアルファベット表示だろうと、声調は示していない。

さてlin biaoの発音だが、リンビャオでもリンピャオでもない。支那語には有気音（息が出る）と無気音（息がほとんど出ない）の別があるが、それを便宜的に無気音をbで、有気音をpで表記しただけである。英語などヨーロッパ語では、bは有声音（声帯が震える）、pは無声音（声帯が震えない）である。日本語でもバ行音は有声音、パ行音は無声音だ。無気音のbiaoを有声音のビャオと発音するなんて、二重に間違っている。現実には、林彪は日本人にはリンピャオに近く聞こえる。

地名のハルピンも同じである。日本人はそう聞いてきたのだ。これをハルビンとするのは全く無意味である。「かつてハルピンにあったハルピン学院」などという異常な文章を時々目にする。それを助長し強制して得意気なバカには本当に困る。

（二〇一七・二・二十四）

［補論］

支那の人名・地名の「原地音読み」強制は、教育現場にも混乱を生じさせている。

中京大学の明木茂夫教授は、ＵＦＯの証拠と称する古文献を検証する面白い研究をしているが、これは余技であって、専門は支那文学、特に音韻研究である。その立場から見て、何の意味もない有害無益な原地音主義を批判、というより嘲笑している（『中国地名カタカナ表記の研究』）。

その無意味さは、地理の教科書によく現れている。私も地図帳を見て、驚くやら笑うやら。

・チャンチャン（昌江）
・チャンチュン（長春）
・チャンチョウ（常州）
・チャンチョウ（漳州）

もっと驚くのが、
・ホワン河《がわ》（黄河）

さらに困るのが、
・ワンリーチャンチョン（万里長城）

これは地名だから現地音でということらしい。「大仏殿前」とか「御所南」と同じなんだろう。そうすると「ワンリーチャンチョンにある万里長城」ということになる。

試験問題で「黄河」を「こうが」と書いてバツになり、「ホワンホー」と書いて部分点になり、「ホワンがわ」と書いてやっと合格点となる少年少女たちよ。私は同情する。

貧困による平等

二〇一七年二月十一日付東京新聞・中日新聞の連載企画「この国のかたち2017」で、社会学者の上野千鶴子が発言している。タイトルは「平等に貧しくなろう」だ。

これが批判を呼んでいる。お前が率先して貧しくなれ、というわけだ。だが、これとは違う意味で上野の発言は気になる。

上野の発言は、日本の人口減少を論じたものだ。現状では人口の自然増は期待できず、移民受け入れも「単一民族神話が信じられ」「多文化共生に耐えられない」以上「客観的に無理、主観的にはやめた方がいいと思う」。それ故「人口減少と衰退を引き受けるべき」であり「みんな平等に、緩やかに貧しくなっていけばいい」。

一つの意見としてはありうるだろう。ただ、私は人口減少に打つ手がないとは思えず、人口減少が進んだとしても、そう簡単に日本社会が衰退するとも思えない。これについては別に考察するとして、上野発言のタイトルにもなった「平等に貧しくなろう」の思想的・

歴史的意味について考えてみたい。

二〇一七年はロシヤ革命から百年に当たる。ロシヤ革命の目的の最重要のものは「平等」である。中でも貧富の差をなくす経済的平等は共産主義の核と言える。

ロシヤは、革命当時、西欧先進国と較べ経済的に後進国であった。十九世紀後半まで農奴制が残っていたくらいだ。農奴はどれほど農作業に励んでも収穫は自分のものにならず、そのため「自分の土地」が欲しかった。一方、マルクスが革命主体と考えたプロレタリアート（主として都市の工業労働者）は、工場などの生産手段が欲しいわけではなく、労働に見合った収入を求めていた。それ故、生産手段の公有化という政策は容易に受け容れられた。

このように、労働者と農民とでは大きく精神構造が違う。これが革命後、大きな問題となる。

ソビエトロシヤは、革命後、第一次大戦時の出費や内戦のため、経済的混迷に陥る。当然生産を上げなければならない。だが、農民の生産意欲は低下の一途をたどる。いくら働いても、収穫物は自分のものにならないからである。やむなく政府は一九二一年から「新経済政策（ＮＥＰ《ネップ》）」を採る。最小限の納税さえすれば、後は自由販売してよいとしたのだ。ＮＥＰによって一気に生産は上がった。だが、しばらくして当然のように富農と貧農の格差が生じた。ＮＥＰって、つまりは資本主義じゃないか。これはまずいというので一九二八年には再度農業国営化（集団農場化）が行なわれ、また経済の低滞化が始まった。平等を実現しよう、貧困の平等を。という社会が以後六十年続いた。

ロシヤの後を追った支那は、一九八五年前後から「先富論」を採った。先に富を築ける者が豊かになればいいというわけだ。これも資本主義回帰だ。支那では共産主義者の集団である共産党が資本主義を推進する。民衆の中には、平等に貧しかった地獄の時代を懐しむ声も聞かれる。平等は「自明の理想」ではないのである。

（二〇一七・三・十）

［補論］

「貧困の平等」は実は魅力的な思想である。それ故、歴史の中でユートピア運動として何度も出現する。明治期の一燈園《いっとうえん》もそうだし、新しき村もこの一種だ。共産主義もこれに近い。だからこそ、その違いを明確にするために、エンゲルスは『空想《ユートピア》から科学へ』

という宣伝文書を書いた。

しかし、「貧困の平等」は「性の平等」と密接な関係がある。富の豊かさは性の豊かさを招来し（資産五十億円の紀州のドン・ファンを見よ）、性の豊かさは富の豊かさにつながる（デヴィ夫人を見よ）。貧困の場合もまた然り。

そうであるからこそ、富の平等と性の平等を共に実現しようとする究極の平等主義を主張かつ実践する人たちも出現した。アメリカのオナイダ・コミュニティである。この驚くべき運動の記録・研究が倉塚平『ユートピアと性』（中公文庫）だ。この本の刊行の労をとったのは歴史学者の和田春樹である。この一点だけで、和田に百罪があっても許されるだろう。

女酋長《しゅうちょう》の復権

朝日新聞に新しい潮流が見られる（ような気がする）。二〇一七年三月二日夕刊の「続・南の国境をたどって」を読んで、そう感じた。与那国島の伝説の女傑の話である。「むかし、与那国島に女性の『酋長』がいた。言い伝えによると、名をサンアイ・イソバという。４人の兄弟を村々に配置し、自分は中央の村にいて島全体を統治していた。巨体で怪力の豪傑だった」

今を去る五百年ほど前「宮古島からの襲撃を受けた」際、これを蹴散らした。「外敵から島を守った英雄として、サンアイ・イソバの話は島民の間で代々伝えられ」「陸上自衛隊が与那国沿岸監視隊のシンボルマークに採用した」。

サンアイ・イソバ、かっこいいじゃないか。木曾義仲の愛妾《あいしょう》、巴御前《ともえごぜん》、劇画家平田弘史描く『怪力の母』、また、馬賊の満洲お菊、といった感じだ。リベラル派も左翼もこれに匹敵する女性戦士を持たなかった。

それに、何といっても「酋長」がいい。酋長は、ここ三十年ほど差別用語として使用禁止になっていた。北海道の「酋長岩」もアイヌ団体の抗議によって禁圧されたし、アメリカの「インディアンの酋長」はインディアンの抗議などないまま禁圧された。その抑圧の鉄鎖が朝日新聞の記事によって断ち切られた（ような気がする）。

「酋」は、集団のおさ、かしら、傑出した者、という意味である。「酉」は酒樽の象形で、熟成を表わし、上部の「ハ」は、熟成された酒の香気を表わす。悪い意味など少しもない。「酋長」が禁圧され、代替的に音《おん》の近い「首長」が使われるようになった。首長は、知事や市長など自治体の責任者を指す言葉である。これは最近「くびちょう」と呼ぶことが多い。その理由として「しゅちょう」では「首相《しゅしょう》」や「市長《しちょう》」と紛らわしいからだとされるが、わざとらしい言い訳としか思えない。「酋長」と思われたくないために「くびちょう」と言っているのだろう。その証拠に「インディアンの首長《くびちょう》」とは言わないではないか。愚劣な差別語狩りが玉突き現象を起こしているのである。

陸自の与那国沿岸監視隊が当地の女酋長をシンボルマークにしたというのも初めて知った。陸自、お見事。ここでも革新・左翼は負けている。米軍は攻撃用ヘリ「アパッチ」「シヤイアン」を持っている。ともにインディアンの部族名だ。このネーミングも国民統合の観点で巧みである。

一九三〇年（昭和五年）の『酋長の娘』（私のラバさん酋長の娘）は今では放送禁止歌となっている。これはミクロネシアに渡った森小弁《もりこべん》（『冒険ダン吉』のモデル）と現地の恋人を歌ったものだ。森小弁の子孫がミクロネシア連邦七代目大統領M・ニリである。

この歌の作詞・作曲者は演歌師の石田一松である。石田は苦学の末、戦後衆議院議員になった。そして、安保条約にも単独講和にも反対した。共産党議員が懲罰決議にかけられた時も反対した。言動の評価は分かれるにしても、なかなか気骨のある芸人であった。

（二〇一七・三・三十一）

［補論］

「朝日新聞に新しい潮流」と書いたが、そうでもなかった。もう少し前からであった。またしてもスクラップ帖の見落としである。犬が庭のすみに穴を掘って豚リブを隠しておくようなもので、結局忘れてしまっていては意味がない。反省。

二〇一四年一月二十一日付朝日新聞の連載記事「民謡をたどってV」第四回は、アイヌ民族の民謡を紹介している。

「祝儀・不祝儀の辞令、酋長同志の挨拶、炉ばたの昔譚、甚だしきに至っては裁判事件のような騒ぎの論判でさえも、吟詠の姿を取る」

通常の新聞記事に比してややむつかしい漢字が多いのは、金田一京助の著作に基いているからだ。しかし、それでも「免責注」なしで、しかも地の文で「酋長」を使う見識は立派である。ジャーナリズムの鑑《かがみ》と言えよう。

南北朝かもしれない

先日東京の新橋駅を降りると、右翼が街頭演説をやっていた。内容は例の調子だったが、一つだけ、おっ、面白い、と思った。まだ勢いがあった頃の日本共産党が使っていた言葉が使われていたのだ。右翼活動家はしきりに、南朝鮮、南朝鮮、と言っている。

共産党は二十世紀末まで「韓国」という名称は使わず、必ず地域名として「南朝鮮」と呼んでいた。朝鮮半島の正統な国家は北朝鮮であり、南半分にあるのは米軍に後押しされた傀儡《かいらい》国家だ、というわけである。どうしても韓国という言葉を使わなければならない時は、かっこをつけて「韓」国と呼んだ。例えば、日「韓」条約反対などと。

米軍基地反対運動などで長く歌われてきた反戦歌に『この勝利ひびけとどろけ』（荒木栄作詞作曲）がある。一九六二年春の福岡の板付基地包囲闘争の「勝利」を歌ったものだ。

筑紫野の緑の道を

すすみゆく十万の戦列
（略）
とびたてぬ一〇〇のジェット機
姿かくす戦争の手先
板付は包囲された
アメリカは包囲された
南ベトナムへ南朝鮮へ
この勝利ひびけ　とどろけ

「十万の戦列」はいつもの「主催者側発表」だし、基地突入ならともかく、基地外の包囲だけで軍用機が飛行中止するとは思えないのだが、それは措くとして、はっきりと「南朝鮮」と歌っている。

「朝鮮」は民族を表わす言葉だから、韓国という国を強調する時以外、広く使われる。朝鮮半島、朝鮮語などだ。韓国は、自国を国家として韓国と称するし、その国語を韓国語と言う。しかし、韓国には朝鮮ホテルも、朝鮮日報も、朝鮮大学さえある。日本でも、日本、大和、敷島など、さまざまな呼び方がある。同じことだ。

数年前、学生と話していて「北朝」という言葉が出てきて驚いた。五、六世紀支那の話か、光明天皇の話かと思ったら、北朝鮮のことだった。確かに、分裂国家だから南北朝と言えなくはないのだけれど。学生によれば、北朝鮮の略称は北朝じゃないか、というのだ。普通それは「北鮮」と言う。これが差別だというので、戦後、というより一九七〇年代以降に禁圧されて、分からなくなったのだ。

禁圧の理由は、「鮮」は「賤」に通じるから差別だとか、頭の「朝」をはねるのには民族絶滅の意図が込められているとか、滅茶苦茶であった。それならアメリカを「米」と略すのはなぜ許されるのか。最近は「訪朝」という言葉まで広がっている。訪朝って日本（我が朝《ちょう》）を訪れるという意味だ。

前述のように「北鮮」は一九七〇年代まで普通に使われていた。友人の在日朝鮮人がそう言うのを聞いたこともある。高校の世界史の授業で使う『標準世界史年表』（吉川弘文館）にも、一九五〇年七月の箇所に「北鮮軍、釜山橋頭堡に迫る」と出ていたのである。

（二〇一七・四・二十一）

［補論］

二〇一七年秋に出版された池内敏《さとし》『日本人の朝鮮観はいかにして形成されたか』（講談社）は、古代から近現代までの日本人による朝鮮観を一覧できる好著だ。中で第十二章「鮮人考」は、鮮人問題だけに一章をさいて詳論している。これを援用して考えてみよう。

朝鮮を「鮮」の一字で略記するのを、頭をはねる意味がある、とか、「鮮《すくな》い」（巧言令色、仁鮮し）の意味だ、とか、植民地主義の中で成立したように解釈する説があるが、正しくない。「『鮮』系用語が政策的に創出・流布・受容されたものと理解することはできない」

国や民族の名を下の一字で略称することは珍しくない。「亜米利加」は「米」であるし、「高麗」も「麗」で略記する。李領『倭寇と日麗関係史』（東京大学出版会）という研究書もある。

保守とオカルト

最近「保守」がトレンディらしい。私も筆者紹介などで保守派の論客と書かれることがある。どうもお世辞のつもりらしい。他人が何と評そうと勝手ではあるが、私自身で保守派と称したことはない。私は自分の思想を「極左封建主義」と言っている。極左と封建主義がつながらないと思うのは思想史を知らない人の話で、王龍渓や李卓吾などは陽明学左派と呼ばれるし、禅学左派という名称もある（荒木見悟『仏教と儒教』など）。まあ私の場合は、極左冒険主義をもじった言葉であるのだけれど。

私が保守派と呼ばれるのを好まないのは、この人たちがオカルトや偽史に親和的だからだ。江戸期には平田篤胤《あつたね》が神代《かみよ》文字を称えている。日本固有の古代文字だと言うが、どう見ても朝鮮のハングルだ。韓国で盗作問題となりはしないかと、私はひやひやしている。

竹内文書という偽史文書もその一種だ。トンデモ本の古典として有名である。そんな竹内文書の本を書評欄で大きく紹介している保守系の全国紙がある。産経新聞だ。二〇一七年一月七日付書評欄に「『竹内文書』で読み解く史実」とあるけれど、どんな史実だろう。虚言師の書いた慰安婦強制連行記がおかしな〝史実〟を作り出したことを忘れたのだろうか。

産経新聞は以前からオカルト記事を掲載してきた。古くは一九九一年に、教育欄で「早期超能力教育」を薦める連載があった。一九九五年のオウム真理教事件の時には、吉本隆明の「麻原彰晃を高く評価する」という妄論を載せ、さすがに読者から批判が殺到した。

産経新聞社からはオピニオン誌「正論」が発行されているが、そのムック版が「別冊正論」である。二〇一六年十一月刊行の「別冊正論28」は「霊性・霊界ガイド特集」だ。巻頭カラーページは、タレント壇蜜によるインタビューで始まる。和菓子職人、エンバーミング（死に化粧）、霊界が描かれたマンガやアニメ、「セクシーな死に方」…。なんだかよく分からない。次いで仏教マンガがカラーを含んで三十ページ。これは仏教書専門の出版社から出ている宗教マンガの抜粋再録だが、どうやら昭和二十年代刊行のものらしい。キッチュ感が逆に新鮮であるけど。

科学の装いをまとったオカルトも登場する。産経本紙でもおなじみの遺伝子学者村上和雄は「心の働きによって遺伝子のスイッチがオン・オフになる」と言う。そんなことが可能ならすべての遺伝病は簡単に治るし、人種問題も一気に解決するだろう。心掛け次第で黒人は容易に白人になれる。これはこれで別の問題があるが。「人は死なない」と主張する救急医矢作直樹も当然のように登場する。私は、死んでもいいから、この医者だけには診てもらいたくない。

この「別冊正論28」は、刊行半年たっても産経新聞に広告が出ている。売れ続けているからか、売れ残っているからか。

論語述而篇《じゅつじ》にこうある。「子《し》は怪《かい》・力《りょく》・乱《らん》・神《しん》を語らず」。孔子は、怪異、暴力、乱倫、神秘を語ることはなかった。古代の支那人の方が知的で健全であった。

（二〇一七・五・十二）

［補論］

保守・右翼は概してオカルトや新興宗教に親和的である。その理由が私にはよく分からない。一応考えられる要因として平田神道（復古神道）や日蓮の『立正安国論』の系統がある。

平田神道は本論でも述べたように、日本主義が高じて神代文字なんてものを「発見」してしまう。大本教にもそうした傾向があり、狂信的愛国主義が観察できる。創価学会は戦前弾圧されたが、これも大本教と似ており、革新・左翼であるから弾圧されたわけではない。日蓮正宗から分離するまでは、国立戒壇も主張していた。国柱会は言うまでもない。

天理教は、教祖中山みきが若い頃浄土宗信徒であったことからも分かるように、日蓮宗とは無縁で、保守・右翼の気配はほとんどないのだが、本論で触れた村上和雄は天理教信者であり、産経新聞「正論」の主要メンバーである。

幸福の科学も大川隆法総裁の主張は保守・右翼に共通している。

一頃ほどの勢いをなくした統一教会（原理研究会）も、かつては反共主義を掲げていた。これは韓国発祥の新興宗教だったからだろう。

いずれにしても、このあたり研究すべきテーマではある。

自由と平等と何だっけ

フランス大統領選挙は、中道左派のマクロン候補が右翼のルペン候補を破って勝利した。フランスは一応の政治的安定を見せた。

ところで、今回の選挙を前にした我が国の報道を見ると、ルペンへの警戒心とともに一種のとまどいが感じられた。

朝日新聞は二〇一七年四月二十五日付「天声人語」をこう始める。「フランス国歌『ラ・マルセイエーズ』は歌詞のむごたらしさで知られる。フランス革命の際、外国と戦う兵士を鼓舞するため書かれた。敵が〈息子を、妻を、殺しに来る〉〈武器を取れ、市民諸君〉〈不浄なる血が我らの田畑に吸われんことを〉」「パリで先週、右翼・国民戦線の集会をのぞいた時も何度も合唱されていた」

フランス革命の時の革命歌を国歌にしていながら、なぜルペンと国民戦線はその革命歌を誇らかに歌うのか。この歌には「むごたらしい」歌詞があり、そこが右翼に好まれるのか。そう言いたげだ。

同四月二十九日夕方のＮＨＫラジオ「池上彰２０１７世界を読む」は、「トランプ政権１００日・緊迫する世界の行方は？」と題し、米トランプ政権の出現とルペンの言動を取り上げている。出演した政治学者遠藤乾《けん》は、フランス革命の三標語に触れ、ルペンに批判的な見解を述べている。やはり、ここにもとまどいが感じられる。普段明解な分析・解説をする池上も、何か寸止めのような趣きだった。

まともなジャーナリストなら誰もうすうす分かっていて、しかしそこに踏み込むと面倒になるので知らぬふりをしていることがある。フランス革命の三標語もその好例だ。三標語は次の通り。

Liberté・Égalité・Fraternité
初めの二つは「自由」「平等」と訳され、それで正しい。しかし、三つ目は「博愛」ではない。博愛なら原語はPhilanthropieのはずだ。

Fraternitéを「博愛」とするのは意図的な誤訳である。それで最近は「友愛」とするようだが、これもおかしい。友愛なら原語はAmitiéだろう。

Fraternitéは、血縁のない他人なのに兄弟のように睦み合うという意味である。日本語では普通これを「義兄弟」という。睦会《むつみかい》という義兄弟集団同士の連合組織もある。自由・平等・義兄弟。これがフランス革命の三標語なのだ。右翼のルペンたちが高らかにラ・マルセイエーズを歌うのは当然なのである。「国民国家」もフランス革命を機に生まれた。

今年二〇一七年はロシヤ革命百周年である。ロシヤ革命の際、革命軍が好んで歌った歌はラ・マルセイエーズである。これを歌いながら労働者・兵士は武装デモをした。スターリンに追放されるまで共産党のナンバーツーであったトロツキーは、ボリシェビキ（共産党の前身）をしばしばフランス革命時のジャコバン党になぞらえた。日本でも一九七〇年頃の某過激派の機関誌名は「若きジャコバン」であった。

フランス革命の誤った認識が現代の分析をあいまいにしている。

（二〇一七・五・二十六）

［補論］

一九九二年二月、フランスのアルベールビルで冬季オリンピックが開催された。開会式では一人の可憐な少女が一羽の鳩を空に放ち、無伴奏で『ラ・マルセイエーズ』を歌った。澄んだ美しい声が夜空に吸い込まれる。「取れ武器を」「汚れた血を我らの田畑に染み込ませよ」「憎しみを火と燃やせ」「進め《マルション》、進め《マルション》」。私は、聖ジャンヌ・ダルクの進軍命令を聞く兵士のような、ほとんど恍惚に近い感動を覚えた。

ところが、あんな少女にこんな残酷な歌を歌わせるなんてけしからん、という批判があちこちで挙がったという。愚かとしか評しようがない。

批判者は、まず『ラ・マルセイエーズ』が分かっていない。フランス革命が分かっていない。残酷が人間を感動させることが分かっていない。芸術というものが分からず、人間というものが分かっていないのである。

片寄らない意見が重要

産経新聞二〇一七年五月十七日付の「談話室」（投書欄）に載った大阪在住の七十九歳の元会社員の投書に共感した。政治だの経済だのといった大きなテーマを〝庶民の視点〟で語る投書にろくなものはないのだが、この投書者の〝小さな〟体験と提言は重要である。

投書者は「地下鉄の駅に降りる長いエスカレーターに乗っていると、突然後ろから」中年男性に声を掛けられた。「左側に立っていると、追い越しの邪魔なんです」という。投書者は「声を荒らげて」反論した。彼は以前、エスカレーターに乗った老婦人が片側を駆け下りてきた人と接触し転落しそうになったのを目撃したことがあり「エスカレーターの追い抜きは危険だと感じていた」。駅などでは「歩かずに利用ください」と呼びかけるべきだと提言している。

投書者自身が乗っていたのも前に目撃した例も降りエスカレーターである。これがきわめて危険なのだ。後ろからぶつかられると、目の前はまるで奈落である。しかも、投書者も高齢者、目撃例も老婦人。エスカレーターは足腰の弱った人のためにこそある。既に事故による負傷例も報告されており、地域によってはエスカレーター内を歩行禁止にしている所もあるが、まだ多くは歩行可のままだ。

この危険な愚行が広まりだしたのは今世紀に入ってからだ。何がきっかけでそうなったのだろう。私が知る限り、その先駆的提唱者は、ジャーナリストの本多勝一である。本多の『ジャーナリスト党宣言（貧困なる精神J集）』（一九九三、朝日新聞社）に、二本の小論が収録されている。「エスカレーターの立ちんぼ諸君へ」と「障害者への無神経国家・日本」だ。

前者には、こう書かれている。エスカレーターに「二列の幅があったら一方（日本では右側）を歩行者用にあけておくのが世界の常識である」。ところが「右側をあけない鈍感な『立ちんぼカカシ』による迷惑が一段とひどくなった」。

後者では、自分の妹が重度身体障害者で、駅の階段などでは難儀している体験を語り、エスカレーターの片側あけとともに、エレベーターの設置を提言している。このエレベーター設置については、私も賛成である。そして、本多提言から二十年以上経た現在、ほとんどの駅にエレベーターが設置され、電車の乗降にも駅員による介助が行なわれるようになった。

では、エスカレーターの「鈍感な『立ちんぼカカシ』」はどうか。

「一段とひどく」などならず、むしろどんどん少数派になり、同時にこの少数派は負傷の危険を感じている。高齢者もそうだし、杖をつく歩行困難者もそうだ。日本はこういう人たちへの「無神経国家」になりつつある。

エスカレーター製造会社では、片側歩行は機械の片減りを招くので賛成できないと言っているらしい。こうした工学的視点を含め、大事故が起きる前に検証が必要だ。

（二〇一七・六・九）

〔補論〕

本多勝一には熱狂的な信者がいる半面、強い批判をする人もいる。まあ、なんというか、個性的なジャーナリストということなのだろう。このエスカレーター問題にも、それがよく現れている。

実は、このエスカレーター問題、私は十年前にも提唱者本多勝一の名を挙げて批判したことがある。産経新聞のリレーコラム『断』においてだ。ところが、右からも左からも全く無反応。信者からも非信者からも無反応。がっかりである。せっかく練り餌をつけて糸を垂らしているのに、鯛も平目も食いつかない。今回、高価な海老をつけたから、是非食いついてほしい。

二〇一七年十二月十七日付朝日新聞の教育欄に「エスカレーター事故を防ぐ」という記事が出た。東京のある大学のゼミ生が「エスカレーターで歩くから、転倒などの事故が起きているのではないか」と考え、調査をしたり手すりに工夫をしたりするレポートだ。その結果、メーカーから「歩くと故障しやすくなる」との回答も得た。

これはこれでよいゼミ研究である。だが、誰が片側歩きの愚行を広めたのかも調べてほしかった。そして、これを広めた人にインタビューしてほしかった。きっといい勉強になると思う。

自ら手足を縛るな

信頼するに足る日本近現代史家、保阪正康が「ちくま」二〇一七年六月号にこんなことを書いている。

「昭和という歴史を解明するには、『軍事』に一定の知識を持たなければ不明なことがあまりにも多いことに気づいた」「軍事については自分自身で学ぶことこそ重要だとも気づいた」

私は歴史家ではないが、学生時代にやはり最小限の軍事知識は必要だと気づいた。手始めに岩波新書の高木惣吉『太平洋海戦史』と林三郎『太平洋戦争陸戦概史』を読んだのもその頃のことだ。以後気になる軍事・戦史・兵器の本を手に取るようにしてきた。そして、私のまわりの連中がいかに無知で愚かであるか知った。

今ではCD—ROM版でしか読めない大月書店の「マルクス＝エンゲルス全集」は補巻を含めて全四十五巻に及ぶ。中で一番不人気の巻は第十四巻「軍事論集」であった。私がマル・エン全集で最初に買ったのは、この第十四巻である。だって、どこの文庫にも入ってないんだもの。友人たちからは変人扱いされた。しかし、おかげで「鹿砦」の読みも意味も知った。

一九八〇年頃のことである。「風の旅団」と名乗る前衛だかアングラだかの演劇団体があった。「旅団」を旅する戦闘集団のことだと思っているらしい。それなら師団は日教組かなにかのことなのだろうか。旅団も師団も軍隊の単位である。前衛だのアングラだのと称する連中の頭の程度が知れる話だ。

某過激派の最高指導者だった荒岱介《あらたいすけ》（故人、組織は解散）の回顧録『大逆のゲリラ』（太田出版、二〇〇二）に〝新兵器〟開発の話が出てくる。一九八〇年末、火炎放射器を製造し、某県山奥で放射実験をしたところ、ガス圧が強すぎてノズルの制御ができず、仲間が大火傷を負ったという。兵器の基礎知識も満足ではなかった。

こんなことをいくつも思い出したのも、この三月末、日本学術会議が軍事目的での科学研究を行なわないという従来の方針を再確認したからである。愚かとしか言いようがない。平和を守り戦争を防ぐためにこそ軍事研究は万人に開かれなければならない。警戒すべきは、軍事知識・軍事技術の機密化である。それを自ら進んで後推ししていることになる。左翼的な青年はもちろん、平和主義的な青年でも、防衛大学や自衛隊へ入る際にはチェックされる。そちらの方こそ批判しなければなるまい。

原発批判の安斎育郎立命館大学名誉教授は、オカルト批判でも有名で、私も共鳴する点がいくつかある。彼は東大で原子力工学を専攻していた。それ故にこそ原発批判に説得力もある。

かのマルクスは若い頃に身の危険を感じ、大英帝国に亡命した。そして大英帝国がその政治力と経済力で作り上げた大英図書館に籠って『資本論』を書いた。大英帝国が〝愚かにも〟開放的であったからであり、マルクスが敵の資産の価値を知っていたからである。日本学術会議のお偉い先生方は何を考えておられるのだろうか。

（二〇一七・六・二十三）

〔補論〕

三十年ほど前になるのだが、何かのきっかけで自衛隊の戦史研究所の報告書のようなものを読んだことがある。そこに大化改新（乙巳クーデタ）の分析研究があった。『日本書紀』などの記述をもとに純軍事的にクーデタを分析していたのである。そこには、高校の日本史の教科書で習うような改新の目的だとか宮廷内の勢力関係だとか中央集権国家の成立だとかの抽象論ではなく、大和川をはさむ甘樫丘《あまかしのおか》に何人の部隊が配置されており、相手の部隊はどれぐらいであったとか、中大兄皇子が蘇我父子に斬りつけるタイミングがどのようなものであったとか、きわめて具体的なクーデタの分析があった。これによって私は大化改新の実像を見る思いがした。また、理想にしろ野望にしろ、それを実現するには「技術」が必要なのだとも痛感した。さらに、自衛隊ではこんな研究も行なわれているのかと驚嘆した。思えば、その二十年ほど前、赤軍派だの赤衛軍だの、また反戦団体だのを名乗る知人たちは、軍事についても戦争についても何も知らなかったなあ、とつくづく思った。

国民の権利の根拠

地方の首長選挙でちょっとした小事件が起きた。地方選で、しかも小事件。しかし、私にはこれはきわめて大きな問題の露頭のように思える。

二〇一七年六月十一日付朝日新聞は「知的障害の男性投票できず」「選管、不備認め謝罪」と見出しして、次のように報じている。

四月二十三日、岐阜県各務原《かかみがはら》市の市長選挙があった。その二日前「重度の知的障害のある男性」が母親に伴われて期日前投票所を訪れ、「代理投票を申し出た」が投票できなかった。「男性の入場券の裏面の『宣誓書』が未記入だったため、受付の男性職員が口頭で本人確認を求めた。母親は『本人は生年月日、住所が言えない』と伝えたが、再び口頭での確認を求められた」「職員は、本人確認できる療育手帳などの提示を求めなかった」

似たような事件が何年か前にあった。あるテーマパークで来場者十万人目の記念品を手渡そうとしたところ、一見して知的障害者だと分かったため、その人を飛ばして後ろの十万一人目の人に渡した。同伴の家族らの抗議があり、パーク側では謝罪し、改めて記念品を贈呈した。こんな事件だった。

こちらの事件は、構造は簡単である。パーク側の対応は明らかに知的障害者差別である。来場した障害者に記念品を渡すのをやめる理由は、どこにもない。パーク側は非難されて当然だろう。

一方、各務原市長選挙の例はどうか。実は、障害者側の抗議は法的には完全に正しいし、選管が不備を認め謝罪したのも当然なのである。

朝日新聞の記事は説明が簡略で抽象的だが、注意して読むと、抗議の正当性も選管側の不適切もちゃんと書かれている。母親と障害者は期日前投票所で代理投票をしようとした。期日前投票も代理投票も公選法で認められており、国民の基本的権利である。ただし、公正・正確を期すため、宣誓書記入や本人確認が求められる。ところが、この知的障害者は「生年月日、住所が言えない」。それで選管職員は投票を拒んだ。しかし、本人確認は口頭で生年月日・住所を告げなくても療育手帳などを提示すればできる。そのことを職員は知らなかったか等閑視した。非難も謝罪も当然なのである。

しかし、この事件には法律を超えた、というより法律を根拠づける思想の問題点が現れている。民主主義、国民の政治参加、国民国家、そしてそれらの原因であり結果である近代的国家権力という存在。普段気づきにくいその限界が見えるような気がする。

国家の権能は立法・行政・司法の三権に分立し、それぞれが監視し合う。このうち、行政・司法を担う人は、公務員試験、司法試験によって厳格に選別される。しかし、三権中で最も重要な立法を担う議会の議員を選ぶ選挙は、こうした資格試験はない。一体その根拠は何か。昨年国会デモで叫ばれた通り「民主主義って何だ」。

（二〇一七・七・七）

〔補論〕

本論で述べた各務原市市長選挙の四ヶ月後、朝日新聞十月十七日付夕刊に「知的障害者　投票しやすく」という記事が掲載された。「ノウハウ紹介　親の会がＤＶＤ」とサブタイトルにある。東京都狛江《こまえ》市の「狛江市手をつなぐ親の会」が狛江市選挙管理委員会の協力で作製したもので、自治体もこれを活用できる。

十四分のＤＶＤには、「〔投票所の〕受け付けから投票までの流れ」を実演紹介、「音声やルビ付き字幕で解説」してある。「知的障害者は字の読み書きが難しい人もいる」ので「〔障害者が持参した候補者の〕名前を記したメモを見ることができ、候補者名などを指でさすことで代理投票もできる」。

　民主主義とはそういうものである。

バッカの一群

宮原安春が今年二〇一七年一月に死去していたと、友人から聞いた。しかし、購読している数紙の新聞に訃報記事を見た記憶はない。宮原は一応ノンフィクション作家ということになるだろう。

宮原安春という名を知ったのは、一九七〇年代初めだったろうか。私が大学を卒業してほどない頃だったと思う。犯罪者同盟の一員としてである。うえっ、と思っただけで、著作を読む気にもならなかった。当時、宮原は犯罪者同盟の機関紙（というのか）以外に著作はなかったはずだから、読もうにも読めなかった。

犯罪者同盟については、一九六〇年代後半、学生時代に知った。結成は一九六一年秋。私は中坊であり、全く知らない。大坊になり、年長の友人たちの口から聞いた。議長だか委員長だかが平岡正明で、宮原安春は書記長か何だかだろう。同盟員は多くても総員で五、六人。全員が役職者だったのではないか。とにかく、犯罪者を糾合して革命を起こすという結社だった。

何年か後に、平岡正明は『あらゆる犯罪は革命的である』という本を出した。そうすると、戦時中に支那で捕虜を斬殺した戦争犯罪者も革命家だし、日本の敗戦直前に満洲に侵攻し略奪・殺戮・強姦の限りを尽くしたソ連兵も革命家である。ああ、革命家っておぞましいなぁ、とは思わなかったが、おかしなリクツを唱える人間がいるもんだなぁ、とは思った。

犯罪者同盟については、一九六六年、梅本克己・佐藤昇・丸山真男の鼎談集『現代日本の革新思想』(河出書房、後に岩波現代文庫)で嘲笑されている。「犯罪者同盟なんて言うからどんなすごいことをするのかと思ったら、なんのことはない『悪徳の栄』一冊万引きしただけなんだな(笑)」と。

この嘲笑に怒りをぶつけたのが吉本隆明である。『自立の思想的拠点』で、犯罪者同盟をこう擁護する。「やろうとしても万引きひとつできない半病人が何をほざくのだ。犯罪者同盟が安保全学連のなかから派生したということは、ロシア革命成立前史が証明するように、あらゆる政治闘争がその敗北と退潮の情況で生みだすものの象徴である」。例によって、日本語ではなく吉本語で書かれているから意味はよく分からない。ただ、その三十年後、吉本はオウム事件に際し、麻原彰晃を高く評価するとぶち上げた。まあ確かにねぇ、本の万引きどころか、地下鉄サリン事件だけで死者十三人、負傷者六千人の被害者が出たのだから、吉本が「麻原彰晃を高く評価する」のは、一貫性があるにはある。

一方、吉本隆明に擁護してもらった犯罪者同盟は、どうか。

どうやら、同盟は自然消滅したらしい。平岡正明は、後年、荻野アンナと組んで横浜の町起こしに尽力した。宮原安春は『祈り　美智子皇后』（文藝春秋）を出した。あるいは宮廷革命でも企図した本かと思って読んだが、そんな気配は微塵も感じられなかった。なんだかなぁと思う。この人たちはバッカなことばっかり言ってたんだなぁ、と思う。

（二〇一七・八・四）

［補論］

社会史の一分野に匪賊《ひぞく》研究がある。非の字に傍《つく》るように「匪」は悪者、悪党（党は仲間）の意である。英語ではbandit（追放された者）と言う。

イギリスの歴史家にE・J・ホブズボームがいる。ロシヤ革命の年一九一七年に生まれ、二〇一二年、九十五歳の高齢で没した。終生イギリス共産党員であった。イギリス共産党はいくつにも分裂し、事情も主張もよく分からないが、ホブズボームはとにかく共産主義者であった。そのホブズボームの主著に『匪賊の社会史』（原題Bandits）がある。正統とされる統治権力と対抗する別の統治権力があったという主旨である。確かに、支那にあった馬賊や軍閥などは対抗統治権力であり、日本のヤクザも、特に幕末期はそれに近い存在であった。支那革命も匪賊（朱徳など）の協力がなければ成功しなかったし、日本の自由民権運動にも匪賊が関与している（長谷川昇『博徒と自由民権』）。

こういう「犯罪者」と、『悪徳の栄』を万引きして得意気な犯罪者同盟を同列に論じることはできない。シャブ中の末端組員と清水次郎長とは全く別の人間なのである。

オカルトテロの恐怖

二〇一七年六月二十二日、市川海老蔵夫人の小林麻央が満三十四歳の若さで亡くなった。その翌日もなお、悲しみを堪えて公演を務める海老蔵の姿に、歌舞伎ファン以外の人々も感動の拍手を送った。

しかし、そもそも小林麻央は適切な治療を受けていたのか。麻央の病名は乳癌だった。癌治療はこの三、四十年で著しい進歩を見せ、今や「治る病気」になっている。だが、麻央はオカルト治療を受けていた。「週刊新潮」同七月六日号によれば、麻央は、手術、放射線、抗癌剤などによる標準治療を受け容れず「気功に頼っていた」。施術師が患者に掌をかざして気を注入するのだという。夫君である海老蔵も「女性風水師やゲイの占い師に傾倒」していたらしい。

オカルトが若い命を奪ったとさえ言える。一九九五年のオウム事件の衝撃によって、それまで広まっていたオカルト的風潮は地を払ったように思われたが、実はしぶとく生き延びていた。そのオカルトと手を組むマスコミさえある。

産経新聞がオカルト論者をしばしば紙面に登場させてきたことを私は何度も批判したが、二〇一七年七月十一日付の一面コラム「産経抄」では、「胎内記憶の研究を続けている産婦人科医の池川明」センセの迷著『子どもは親を選んで生まれてくる』を取り上げている。

二〇〇七年刊行以来版を重ねるこの迷著には、驚くべき知見が書かれている。胎内記憶の拡大概念として、池川センセは「精子の記憶」「卵子の記憶」まで唱えておられる。ある男児、また別の成人男性は「精子のときの記憶」を語ったという。当然のように、ある女性は「自分が卵子だったとき」の「記憶がよみがえった」という。あのう、センセ、精子が男性になり、卵子が女性になるわけじゃないんですけど。センセは本当に医大を卒業されたのだろうか。池川センセは胎内記憶の調査について小児科医たちに協力依頼をすると「そんな馬鹿げたことにつきあってられないと、嫌な顔をされる」と書いておられる。まだまだまともな医者の方が多数派で、ほっとする。

ところで、二〇一七年六月十五日にテロ等準備罪（いわゆる「共謀罪」）が成立した。私はこの法律は不十分かつ遅きに失したのではないかと思う。

戦後日本最大のテロ事件は何か。一九五〇年代初めの日本共産党による中核自衛隊の活動か。あるいは一九七二年の連合赤軍事件か。否。一九九五年のオウム事件である。一連の事件で死者二十九人、負傷者六千人の甚大な被害を出している。もし、オウム事件の前に、処罰対象も広げ、宣伝・煽動・協力者も含めて一網打尽にするテロ等準備罪が成立していたら、あの大惨事は防げたはずだ。当然、ずっとオカルトを煽り続けてきた産経新聞も、社長以下論説委員たちの投獄を免れまい。

その場合、私の信頼する何人かの論説委員については、私は全面的に法廷闘争の支援をするつもりだ。海外亡命の手助けも惜しまないぞ。

（二〇一七・八・十八／二十五）

［補論］

トンデモ科学もオカルトの一種と見なしていいだろう。これがまた保守と相性がいいのだ。動物行動学者の竹内久美子も産経新聞の「正論」欄の常連寄稿者である。十年も前のことになるが、二〇〇八年三月八日付産経新聞の「正論」欄の竹内の論文は大ホームランであった。

見出しは「京都で共産党が元気なわけ」。その少し前にあった京都市市長選挙を分析している。

その市長選では、自民党他の共同推薦候補と共産党推薦候補の一騎打ちになり、自民共同候補が辛うじて九百五十一票の僅差で勝った。共産党が異常なまでに強いのだ。その理由を竹内は「京都が渡来人の本場だ」からだとする。これが朝鮮人差別意識によるものなら、むしろ私は納得する。そうですらないから、大ホームランなのである。

竹内によると、こうである。

日本人には、古くインドネシアあたりから来た縄文人（南方系）と、紀元前後に朝鮮半島から来た渡来人（北方系）がいる。南方地帯はウイルスや寄生虫が多いから、女は配偶者に免疫力の強い男を選びがちだ。そういう男は異性選びに有利だから一夫多妻制になる。一方、北方地帯は免疫力の強弱は問われないから一夫一婦制になる。つまり、北方系は女を独占しない「平等主義」だ。京都には渡来人の子孫が多い。それ故平等主義の伝統がある。共産党が支持されるのも当然だろう。

もう、俺、何も言わん。竹内、大ホームランだ。

大学の理念と内面の自由

二〇一七年七月十九日付朝日新聞（名古屋本社版）が異様な事件を報じている。見出しは「男子学生　差別的投稿で『訓告』処分」。記者名は黄澈《こうてつ》とある（原文にルビはない。あるいは読みは「きい・きよし」かもしれない）。

記事によると、愛知淑徳大学の学生がツイッターに「朝鮮人を皆殺しにしろ」と書き込んだ。北朝鮮のミサイル発射の報に接し、実名で投稿したものである。これを指摘する電話があり、大学が調査。学生が事実を認めたため「学則で定めた訓告（処分）とし、反省文の提出を求めること」にした。同大は「違いを共に生きる」を基本理念に掲げており、「深刻な問題と受け止めた」という。

確かに、別の意味で深刻な問題である。学生運動が盛んだった一九六〇年代・七〇年代だったら、こんな事件は起きなかった。

一九六〇年の「安保闘争」では、全学連が「岸（首相）を殺せ」と叫んでデモ行進したが、これによって処分された学生は日本中の大学で一人もいない。まして良心の自由を踏みにじる反省文強制など大学で起きるはずはなかった。明確に刑法に触れて有罪判決を受けた場合は、退学など「外形的処分」もありえたが、内面の自由を抑圧する反省文強制は大学ではない。それどころか、前にも触れたことがある平岡正明は学生時代に犯罪者同盟を結成し、万引き闘争に決起して逮捕されているが、この件で退学にはなっていない。もちろん、反省文強制などない。

大学ではそれほど思想の自由・研究の自由・学問の自由が保障されている。義務教育・準義務教育で反省文強制があるのは、それが国家にとっての「期待される人間像」の育成機関だからだ。教科書検定があるのもそれ故である。大学では教科書も講義も全く自由であり、教師は教員免許も必要なく、学歴さえ不要である。牧野富太郎は小卒で東大講師だったし、安藤忠雄は高卒で東大教授だった。

大学では国家理念を揺るがすほどの自由が認められている。しかし、愛知淑徳大学では「大学の基本理念」に抵触する程度の自由さえ認めないらしい。

奇《く》しくも同じこの七月、中村禎里《ていり》『日本のルイセンコ論争』（みすず書房）の新版が刊行された。米本昌平の行き届いた巻頭解説も付載され、本書の重要性がよく理解できるようになっている。

ルィセンコ論争があぶり出したのは「良いイデオロギー」による学問の抑圧の問題と言えようか。二十世紀初めのソ連で、生物は遺伝で決定されるのではなく、後天的な要因（環境・教育）によって決まるという生物学が生まれた。これはナチスの「人種生物学」（人種による能力決定論）に対抗する武器である。ソ連には「人民を殺し、全民族を破滅におちいらせるような自由はない」としてルィセンコ説が強制され、それが日本の学者世界にも甚大な影響を与えた。「良いイデオロギー」と闘う強靱な知性の重要性が分かる。むろん、オッチョコ学生には望むべくもないのだが。

（二〇一七・九・八）

［補論］

『日本のルィセンコ論争』の旧版は、私の大学時代、一九六七年に刊行された。既にその頃ルィセンコ説は少し頭のいい学生たちには鼻で笑われる学説であり、民科（民主主義科学者協会）系の研究者以外にはあまり論じられることはなかった。中村禎里も民科系であり、私もこんなものは読んでもしかたがないと思っていた。

しかし、一九八〇年代から一九九〇年代に書かれた中村の著作は何冊か読んでいる。『動物たちの霊力』『狸とその世界』『河童の日本史』である。これらは生物民俗学とでも呼ぶ分野の研究であり、いずれも面白かった。そうした体験もあったので、二〇一七年の新版を読んでみようと思った。

書名からはルィセンコ説の啓蒙書のように誤解されかねないが、「論争」を同時代人として検証する科学史の名著である。「正義」の学説がどれほど危険か、著者の苦悩とともによく分かる。

体罰論の本質的考察

体罰論議がマスコミをにぎわしている。しかし、新聞投書欄に見る床屋政談はもとより、識者なる人たちも本質論を提起することなく、議論は全然深化していない。

体罰論議は、一見、教育の方法論を巡るもののように見えながら、本質的にはそうではない。

教育の方法には、巧拙の二種類しかない。因数分解を分かりやすく教えるか、分かりにくく教えるか、巧か拙かの二種類である。因数分解を理解できない子供に、ビンタを食らわそうが、廊下で正座させようが、理解できるようになるはずがない。ここには原理的に体罰はありえない。もしここで体罰が出現するとすれば、教師個人の未熟な性格、あるいは異常な嗜癖《しへき》が露呈していると見なければならない。

体罰の本質論は、教育の方法に関わるものではなく、教育という制度に関わるものである。

教育という制度は必要悪である。まずこれを冷静に認識しなければならない。

必要悪の典型は政治である。

政治の本質は統治である。この本質は平時には気づきにくいが、カール・シュミットの言う「例外状況」すなわち、戦争、内乱、天変地異などの時にあらわになる。社会の混乱を収めるためには、否も応もなく強権的に統治を確立しなければならない。どんな穏やかな政治にもその根底にはこの統治行為が必ずある。このことは誰もが直感的に分かっているから、常に政治はどこかうさんくさく思われるし、誠実な政治家は政治が必要悪であることを内心で自覚している。政治は本質的に「否も応もない」ものだからである。

否も応もないことは、なぜ悪なのだろうか。そこに人格への侵襲invasionがあるからである。そうであるなら教育だって悪だろう。教育は人格への侵襲だからである。

しかし、教育はするほうもされるほうも、これを必要悪だとは思っていない。出来の良い生徒ほど、教育が必要悪だとは考えないし、出来の悪い生徒は、そもそも何も考えていない。誠実な教師が、教育は必要悪だと自覚しているという話も聞いたことはない。ここが、政治という必要悪と教育という必要悪の大きな違いである。

体罰についての議論が常に上滑りのものになるのは、こういう教育についての根本的な認識不足があるからである。

体罰が問題になるのは、義務教育という「制度」においてである。高校も現在では準義務教育となっているので、ここに含めてよい。これ以外の専門学校、予備校、大学では、体罰は存在しない。服飾専門学校でビンタが横行しているとか、予備校で鉄拳制裁は当たり前だとか、経済学の原書講読で教授は竹刀を振り回すとか、そんな話は聞いたことがない。もしそんなことがあれば、単なる刑事事件である。

これらの学校で体罰がないのは、その教育が「義務」ではないからである。義務がなければ、強権を発動する必要はない。

義務教育は、政治と同じように、普段は見えにくいが統治の上に成り立っている。まず「否も応もない」強制がある。義務として学校へ出てこなければならない。教室を教室として成り立たせなければならない。授業妨害だの、学級崩壊だの、「教育統治の不成立」に対して体罰は当然ありうる。

一九七〇年代のことだっただろうか、義務教育の義務とは、国が国民を教育する義務のことだと、馬鹿な主張をする連中が現れた。愚劣の極みである。義務教育は別名を「強制教育」と言う（有斐閣『新法律学辞典』）。国民が強制的に教育を受ける義務であることに決まっている。

この馬鹿な連中は、義務教育の無償化徹底も叫んだ。これは彼らが思っている以上に正しい。刑務所は受刑者から部屋代も取らないし食費も取らない。死刑囚は絞首刑の首縄の使用料を払わなくてよい。これと同じことである。国家は国民に何かを強制する以上、極限まで無償化すべきである。

体罰論議は、教育の本質への議論を必要とするし、政治の本質への議論を必要とする。「必要悪」という論理矛盾の典型のような言葉を、なぜ我々が使うのかという哲学的考察をも必要とするのである。

（「正論」二〇一三・五）

「職業差別」論を嗤《わら》う

十一月十四日（二〇一四年）、東京地裁で「ホステスと清廉性」「女子アナと清廉性」をめぐる裁判の初弁論があった。東洋英和女学院大学四年生の女子大生が日本テレビのアナウンサーに内定していたのに、銀座のクラブでホステスのアルバイトをしていたことが発覚し、内定取り消しになった。ホステス体験はアナウンサーにふさわしい清廉性を損なう、という理由からである。これを不当だとして女子大生が日テレを訴えたのである。争点はもう一つ、虚偽申告もある。女子大生は応募の過程で職歴・アルバイト歴の項にホステス体験を申告していなかった。法廷実務としては、こちらの方も重要な争点になろうが、事件が社会の関心を集めているのは「清廉性」の方だろう。

既に新聞・雑誌・ネットなどで、ホステスに対する職業差別ではないかとか、今時ホステスぐらい誰でもやってるぞとかいった声が挙がっている。酒場談義ならこのレベルでもかまうまいが、何か御高見のつもりで新聞などにこの種のコメントを寄せる人がいるのは笑止である。

十二月二日付の朝日新聞は、この事件を解説風に報じ、元ホステスである作家の室井佑《ゆ》月《づき》の「職業に貴賤はなく、〔裁判に〕勝ったら堂々と日テレに入ればいい」という発言を結論部に載せている。

勝ったら堂々と日テレに入ればいいというのは、現在の法秩序においてはその通りであり、私もそう思う。しかし、職業に貴賤は本当にないのか。どうも室井佑月は安易な良識論の上に作家活動をしているらしい。イデオロギーに曇らされた目には見えないかもしれないが、厳然として職業に貴賤はある。

私は因習の中で「賤業」とされてきた職業に差別感は抱かない。むしろ、そうした差別への怒りに共感を示してきた。それらの多くは、社会制度の改革で解決できる。

我々は現在ほとんど気づかないが、かつて徴税人は差別されてきた。現代で言えば税務署員である。聖書の中でも、徴税人は罪人《つみびと》と一括りにされ、人々に賤視されている。イエスはこれらの「罪人を招くために来たのだ」と語る。使徒マタイも徴税人だとされる（マタイ伝九・九〜十三）。フランス革命時、化学者のラボアジェは革命政府によって逮捕され、ギロチンによって斬首された。徴税人だったからである。民主主義と人権思想を実現するための革命は、被差別者である徴税人を殺すことで成立した。

現在、民主主義と人権思想が実現しているのかいないのかよく知らないが、税務署員が堅実な職業として社会的信望を得ることはあっても差別されることはない。社会制度が変わったからであり、国家が公務員として徴税人を認定したからである。

しかし、制度の改革では解消しない職業差別もある。日本共産党を監視する公安警察は、共産党から賤視されないだろうか。親族に公安刑事を持つ青年が共産党に入党したいと言って来たら入党拒否されないだろうか。親族に公安刑事はいないと虚偽申告していたら、どうだろうか。共産党以外の社会運動団体だって事情は同じである。これらの団体は、公安警察という職業を差別しているのである。それがいけないと言うのではない。むしろ当然だろう。

そもそも、何かを「選別」する時、必然的に「差別」が伴う。この二語はほとんど同義語である。ずいぶん前になるが、新聞の投書欄に無差別爆撃という言葉はやめようという意見が載った。無差別な社会を目指すことが全人類の課題になっているのに、無差別だから一般市民が殺されるとするのはケシカラン、という論旨である。これを機に、差別をめぐる議論が起きればいいと私は思ったが、どういうわけかそうはならなかった。現代の良識がイデオロギーにすぎないということが暴露されるのを新聞は恐れたのかもしれない。

入試も、大学だろうが企業だろうが、選別である以上、差別が伴う。能力がある者はウエルカム、能力のない者はあっちへ行け、という差別である。我々はこれを許容しているだけのことであって、本質は変わらない。許容の基準は合理性である。要するに、その差別が大学や企業にとって得になるか否かである。

もっとも、その損得勘定はしばしば間違うことがある。そんな時、当事者はその非合理性を告発するだろうし、識者はその非合理性を分析批判するだろうし、国家権力は強制力を発揮するだろう。障害者を、能力による選別ではなく、障害者というだけで排除するのは、大学にとって企業にとって損になる、という見解はその典型例であり、何十年間かの試行錯誤を経て定着しつつある。先述の日本共産党への入党志望者選別の例は、何十年たっても解消されないだろう。それで少しも不合理ではない。

さて、今般の女子大生の件は、どうか。

この女子大生は、ホステス経験はアナウンサーという職業にとってマイナス要因でない、という立場である。ジャーナリズムの一翼を担うアナウンサーにホステス経験があろうがなかろうが関係ない、という考えである。

確かに、ジャーナリストに要求されるのは、取材能力、発信能力、特にアナウンサーであれば言語能力であろう。この女子大生の擁護者である室井佑月は、先述の通り自身も元ホステスであって、現在は広く言えばジャーナリズムに属する小説家をしていて何の不都合も不合理もない。

しかし、女子アナはちがう。ジャーナリストの側面も少しはあるが、その能力の大部分は芸能タレントとしてのものである。単にアナウンサーと言えばすむものを、敢えて女子アナと呼ぶことに、それが表われている。女性タレントであるかぎり、お笑い芸人や悪役女優という少数派を除けば、清廉な女性像が能力として要求される。本当に清廉であるかないかなどと議論してもしかたがない。だから「像《イメージ》」である。

先に言及した朝日新聞の記事でも、労働問題に詳しい吉村雄二弁護士は、女子アナは「一般の職業に比べれば、ホステス歴をふさわしくないとする余地はある」と述べているし、メディア研究の碓井広義教授は「女子アナが社内タレント化していることを象徴する」としている。現に、この女子大生は三年前ミス東洋英和に選ばれ、女性誌の読者モデルにもなっている。その延長線上の職業として女子アナをとらえているようだ。

こうした事件が起きる背景には、芸能界の地位向上がある。二十世紀半ばから、新聞、雑誌、テレビなど、報道メディアの急速な発達によって、そこに登場する芸能界がオーソライズされ、社会的地位が確立した。芸能界と裏社会とのつながりなど、かつては当たり前であったのが、昨今はつながりが発覚すると指弾されるようにさえなっている。

政治家で芸人でもある東国原英夫《ひがしこくばる》は、かつて暴力事件や少女買春騒動を起こし、芸能活動休止に追い込まれた。しばらくして、彼は早稲田大学に入学し、学生生活を送った後、政治家となった。

政治家となった東国原英夫がこの学生時代を振り返ったインタビュー記事を芸能誌か何かで読んだ時、私は思わず目頭を押さえた。

彼は、こんなことを語っていた。自分は学生になって普通の人の生活がやっと分かった。芸能人の時は、普通の人の生活なんて分からなかった、と。本当につらかったんだろうな、と私は思った。芸能人として差別されていた頃、普通の人としての生活など、想像もできなかったんだろう。私はハンカチで涙をぬぐいながら、その続きを読んで愕然とした。彼は、芸能人として華やかで人にうらやまれる生活をしていた頃、普通の人のみすぼらしい生活など想像できなかった、と語っていたのである。

半世紀前には考えられないことである。吉永小百合に、それこそ清廉さを看板にする大スターだが、それでも早稲田大学文学部に入学し学士号を得た。その三十五年後、東国原英夫は吉永と同じ早稲田大学文学部に屈辱の入学をし、下積みの普通の人として学生生活を耐えたのである。

私は、こういう社会の変化を嘆かない。悪いことだとは思わない。むしろ、このようにして芸能人差別が解消されるのは歓迎すべきことだと思う。同時に、歴史を、社会を、人間を、分からない人が増えているのは、大変に困ったことだとも思う。

（「正論」二〇一五・二）

（二〇一五年、女子大生と日テレは東京地裁の和解勧告を受け入れ、女子大生は日テレに入社した）

統治という矛盾の中に

必要悪とは奇妙な言葉である。必要であれば悪ではなく、悪であれば必要ではない。必要悪とは矛盾した概念なのである。しばしば、リーダーは必要悪なのかという問いが発せられる。この問いは、リーダーそのものの孕む矛盾を表わしているし、リーダーシップ（指導力）、政治、統治、さらには教育、啓蒙に胚胎《はいたい》する矛盾にもつながるだろう。

矛盾は矛《ほこ》と盾《たて》の関係において成立する。矛だけでは、あるいは盾だけでは、矛盾にはならない。そうだとすると、指導、政治、統治、教育などの対義語になるものは何だろう。これらを治者の一語にまとめるなら、その対義語は被治者である。つまり、治者と被治者の関係には対立があり、それが矛盾となっているということである。

このことに我々は気づきにくい。そして、気づいた時は、まず被治者の立場に立つ。なぜならばそれが多数派であり、自分もおおむねそこに含まれるからである。被治者の立場であるから、統治は「悪」だと思われる。しかし、治者の立場になってみると、統治は「必要」だと気づく。

先にも言った通り、このことは狭義の政治についてではなく、教育や啓蒙についても同じことが言える。家庭内の教育だろうと学校における教育だろうと、教育される方は、程度の差はあってもそれは苦痛であり、その意味で悪である。しかし、自分が親になり学校の教員になってみると、教育は必要であると気づくはずだ。啓蒙にも同様のことが起きるのは言うまでもない。

では、なぜ、被治者にとって統治は悪なのか。それは統治が人格への侵襲だからである。今ある自分、すなわち、今持っている思考や感情が侵されるから、それは悪なのである。ということは、治者と被治者の区別はあるべきではなく、治者も被治者も完全に平等だ、というイデオロギーが広まると、統治が悪だと感じられるようになる。そうでなければ、それは悪だとは思われない。そもそも統治は必要であり、当然のことだからである。

政治についての壮麗で美しい言葉が『論語』の中にある。為政篇の冒頭にある一章だ。

子曰《のたまわ》く、政を為すに徳を以ってすれば、譬《たと》えば北辰《ほくしん》の其《そ》の所に居て、衆星《しゅうせい》のこれに共《むか》うがごとし。
（孔子）先生がおっしゃる。政治をするのに徳によってするのであれば、譬えてみると、北極星が天空の中心にあって諸々の星がそれを囲みその方向を向いているようにうまくいくものだ。

ここでは、統治は宇宙の秩序《コスモス》の反映形であり、それはまた徳という規範に貫徹されている。統治というものが、指導者というものが、こういうものだと信じられているところでは、統治や治者や教育や啓蒙が必要悪だという概念は生じない。必要という功利的判断さえ存在しない。それはただ単なる善である。本質的な善なのである。

儒教では、それ故、政治は聖なる行為とされる。「君子」という言葉がそれを象徴している。

この言葉は現代語としてはあまり使われることがなく、使われる場合も、聖人君子という熟語として、単に堅物《かたぶつ》ぐらいの意味になっている。しかし、君の字が入るように、第一には、為政者・治者の意味であり、同時に、教養人であり、またただ知識があるだけではない理想主義者という含意もある。そう言う君子が治者なのである。孔子の弟子たちは、君子たるべく教育を受け、君子として治者の一人になるべく励んだ。ここでは必要悪などという言葉は入り込む余地はない。

しかし、孔子に近いところに、奇妙な人たちが現れる。隠者と呼ばれる人たちで、孔子に近いところにいながら、思想的には大きく違う人たちである。その人たちの言動が『論語』の所々に、特に後半部の篇に混じっている。これは『論語』が現在我々が知る形になる過程で、何らかの事情で紛れ込んだものらしいが、いろんな意味で興味深い。

微子《びし》篇に楚《そ》の狂接輿《きょうしょうよ》という人物が登場する。楚の国の人で狂人の接輿と通称される男である。接輿は『論語』の対極にある『荘子《そうじ》』にも類話として描かれるが、『論語』の方が時代的に見ても原話だろう。

楚の狂接輿、歌いて孔子を過《す》ぐ。鳳《ほう》よ鳳よ、何ぞ徳の衰えたる。往く者は諌《いさ》むべからず、来《きた》る者は猶《な》お追うべし。已《や》みなん已みなん。今の政に従う者は殆《あや》うし。

楚の狂人接輿とよばれる人物が奇妙な歌を歌いながら、孔子の車の傍を通り過ぎた。鳳とも称される孔子さんよ、孔子さんよ、お前さんの徳も何と衰えたもんだ。過去の事（者＝事）は諫めてもしかたがないが、これからの事はまだ間に合う。やめてしまえ、やめてしまえ、今の政に関わる事は身を滅ぼすぞ。

狂接輿の言葉は、統治を必要である悪ととらえるというより、汚れととらえているという感じがする。治者・被治者という対立の中で成立する必要・悪の関係が感じられないからである。

この隠者の系譜は、後世にも一つの流れとなっている。

夏目漱石の号は「漱石枕流《ちんりゅう》」の話から取られている。これは、負け惜しみのこじつけという意味で、漱石の描く自己像ということである。この典拠は『晋書《しんしょ》』の孫楚《そんそ》の話である。孫楚は隠居（世を捨てる）しようとして友人に「石に枕し流れに漱《くちすす》ぐ」と言うつもりで誤って「石に漱ぎ流れに枕する」と言った。それはおかしいという友人に、いや、石で歯をみがき、流れの水で俗言に汚れた耳を洗うという意味だよ、と負け惜しみを言った。

俗言に汚れた耳を洗うという話には、まだ先例がある。「洗耳《せんじ》」の故事である。聖帝堯《ぎょう》が許由《きょゆう》に天下を譲ろうとしたが、許由は耳が汚れたとして潁水《えいすい》の水で耳を洗った。さらにそれを見た巣父《そうほ》はそんな汚れた水を牛に飲ませるわけにはいかないとして、牛を上流に連れて行って水を飲ませた。

究極の無政府主義とでも言える統治への嫌悪がうかがえる。私は学生時代に石川淳をよく読んだ。何かのエッセイに石川が「政治というものは下《しも》がかったものだから嫌いだ」と書いているのを読んで、こういう政治観もあるのかと思った。それまで教科書類で読んだ政治観と大きく違っていたからである。どこか隠者の政治嫌悪につながる気もする。

同時に、これは差別思想にもつながるのではないかとも思った。

徴税は統治の重要な権利であり仕事である。日本国憲法でも第三十条で被治者である国民には納税の義務が定められており、治者の側からは権利になっていることになる。しかし、徴税は長く汚れた仕事であった。『新約聖書』マタイ伝のマタイは徴税吏であり被差別職業であった。マタイ伝九章九節から十三節にかけて、次のように書かれている。

マタイが徴税所に坐っているとイエスが「私に従ってきなさい」と言った。マタイはこれに従った。イエスが家で食事の席についている時、徴税人や罪人が共にそこにいた。パリサイ人はこれを侮辱し非難した。イエスは言った。「私は義人を招くためではなく罪人を招くために来たのだ」

イエスはこうしたマタイにも手を差し伸べた。フランス革命時に虐殺されたラボアジェは徴税吏として蓄財し、それによって化学の研究に励んだ。ラボアジェによってフロジストン説は否定され、質量保存則が確立された。そのラボアジェは汚れた徴税吏であるからこそ、自由と平等を信奉する人たちに嫌悪されて殺された。刑吏や死刑執行吏も同じである。統治の中で最も統治らしい仕事は実は嫌悪どころか憎悪《ヘイト》される。丹生谷哲一『検非違使——中世のけがれと権力』（平凡社選書）や阿部謹也『刑吏の社会史』（中公新書）にもこうしたことは描かれている。

戦後の保守勢力（自民党など）と革新勢力（旧社会党やその後裔、また共産党など）を論じる時、よくこんなことが言われる。保守政治は汚れ仕事を引き受けてきたのだ、と。革新政治はきれいごとを言うだけで何もできなかった、と。革新勢力は、政治というものが、統治というものが、指導というものが、分かっていなかった。中途半端に分かりかけた過激派（新左翼）は内ゲバや粛清による殺人で自滅していった。

一九六〇年代に学生時代を送り、卒業後に教師になった人たちが結成した「プロ教師の会」という団体がある。この人たちは、教師になった時、友達感覚で生徒たちに接し、ほどなくしてそれが有害無益なやり方であると気づいた。そして、自分たちが生徒・学生時代に嫌悪していた学校内警察の役割を果たす暴力的で強権的な体育教師が学校統治の汚れ役を引き受けているのだとも気づいた。プロ教師の会では、教師と生徒（児童も）の間には、教育—被教育、指導—被指導、という身分関係が必要だと主張する。細かい異論はともかく、大筋ではその通りである。というより、あらゆる集団、あらゆる社会で、その通りなのである。

我々は統治という魔物がどうもよく分かっていないのかもしれない。

（「ｍｙｂ」二〇一七・十・三十）

第二部

狂暴なる言論

歴史と忘却

二〇一七年八月三十日付の朝日新聞「天声人語」が異様なことを書いている。

岐阜県と同県関ケ原町とが関ケ原古戦場を世界三大古戦場の一つとした。あとの二つはワーテルローとゲティスバーグ。県と町は昨春、この二都市を招いて古戦場サミットを開いた。「歴史の授業で有名なわりに観光にいかせていない」と「歯がゆさがあった」という。記事は「世界3大の名乗りは気宇壮大」と声援を送る。

私は、この「天声人語」が掲載されるや、朝日新聞および岐阜県と関ケ原町に全国から抗議の声が殺到するのではないか、と思っていたが、今に至るまでその気配はない。全国の反戦運動家の諸君は、何をやっておるのか。明々白々の戦争礼讃、しかも背後には観光資本の貪欲な営利追求主義もある。

ワーテルローはナポレオンの野望を打ち砕く抵抗戦争と言えば言えなくもないし、ゲティスバーグは黒人解放戦争の始まりと言えば言えなくもない。すべての戦争は悪である、正義の戦争などない、という絶対平和思想がある。私はこの思想にそれなりの意義は認めるものの、賛成することはできない。抵抗戦争、解放戦争は、やはり支持したい。しかし、関ケ原の戦いは抵抗戦争でも解放戦争でもない。大名諸侯の領土拡張戦争ではないか。しかも、数十万丁の火縄銃が使用され、これは当時の地球上にあった火縄銃の半数を超えるという説さえある。

こんな凄惨な戦争を無批判に賞讃し、あまつさえ観光資源にして金儲けをしようという計画を許していいのだろうか。既にその前兆は、十年以上前からあった。「関ケ原合戦祭り」が毎年催され、武者行列だの布陣パフォーマンスだの、あげくは子供まで武装させて行進させる。メインイベントは火縄銃の模擬一斉射撃である。硝煙が漂う会場には屋台や土産物屋が並び、文字通りお祭り騒ぎだ。

一九四五年三月二十六日から六月二十三日まで、沖縄では壮絶な戦闘が続いた。同年八月六日、広島に原爆が投下され、同月九日、長崎にも原爆が投下された。これを「歴史の授業で有名なわりに観光にいかせていない」と「歯がゆく」思う人がいるだろうか。沖縄の戦跡で「沖縄戦祭り」が開かれ、子供たちに軍装させて行進させるだろうか。広島・長崎で模擬原爆投下のパフォーマンスが行なわれ、観光客が歓声を挙げるだろうか。

いや、ほんの七十年前の戦争と四百年も前の戦争とでは、わけがちがう、という声もあるだろう。それなら、戦争から何年経ったら、そういうお祭り騒ぎだの観光資源化だのも許されるのだろうか。

戦争体験の風化が進み、沖縄戦や原爆の惨劇さえ忘却されようとしている。風化忘却を嘆く声は強く、私もそれに共感する。しかし、風化忘却の勢いは抗しがたい。関ケ原観光資源化がその証明である。「天声人語」はこう結ばれている。「歴史の面白さを知る糸口として格好のテーマだろう」。私は「歴史の面白さ」ではなく「歴史の悲情さ」だと思う。

（二〇一七・九・二十二）

［補論］

またしても、庭のすみに豚リブを埋めたまま忘れていた犬である。我がスクラップ帖に同旨の記事が貼りつけてあった。

本論で紹介した記事のちょうど三年前の八月二十日付朝日新聞（夕刊）に、「関ケ原地域おこし出陣」という記事が出ていた。内容も論旨も三年後を先取りしたように似ている。

「戦国武将が主役の大河ドラマでは見どころとなる『関ケ原の戦い』。だが、舞台となった関ケ原古戦場にまで思いをはせて足を運ぶ観光客は意外に少ない」「岐阜県は観光客誘致に成功している南北戦争の激戦地などを調べ、てこ入れを本格化させる」「ゲティズバーグの古戦場の観光実態を調べ」「ワーテルローについても調査する」点も同じだ。

県知事のほかに「『歴ドル（歴史アイドル）』の小日向えりさん、オーストラリア出身のラジオＤＪクリス・グレンさんらが集まり」「古戦場の保存や整備、観光資源としての活用」を話し合う予定だという。

この記事が出た時も、日本中のすべての反戦運動団体は沈黙を守った。

言葉は正しく使おうね

二〇一七年九月初め、日本遺伝学会が「優性遺伝・劣性遺伝」という用語を「顕性遺伝・潜性遺伝」に改訂すると発表した。私も同じことを二十年以上前から何度も提唱してきたので、これに賛同したい。

顕性・潜性（優性・劣性）は、血液型を例にとると分かりやすい。血液型はA・B・Oの因子が二つ合わさって決まるが、Oは「潜性」因子であるため、AOやBOの組み合わせではO型にならない。OOの組み合わせのみO型になる。AOやBOではO因子は潜在しているのであり、O因子はA因子やB因子に対して現れが「劣位」にある、ということだ。この場合の優劣は、健康や能力の優劣とは全く関係ないが、誤解を生みやすいので今回の改訂となった。

優性遺伝・劣性遺伝の誤用は、知識人にも散見する。それも理系の人にである。

長尾真『「わかる」とは何か』（岩波新書）に、遺伝子操作を危惧したこんな一節がある。

「ナチスドイツが試みたように、優性と判断された人たちだけを増やし、劣性と考えられた人たちは消されていくのではないか」

ナチスの「優生思想」との混同である。「優性」はdominant、「優生」はeugenicで、全然ちがう。長尾真は京都大学工学部出身。後に同大総長となり、退任後は国会図書館長になっている。

二〇一二年に亡くなった吉本隆明は戦後最大の思想家と評される（私はそう思わないが）。初期の重要論文「転向論」（『藝術的抵抗と挫折』所収）に、こんな記述がある。吉本の文章は日本語ではなく吉本語で書かれているため、理解しにくいが、我慢して読んでいただこう。後ろに私の日本語訳を付けておく。

「近代日本の転向は、すべて、日本の封建性の劣悪な条件、制約にたいする屈服、妥協としてあらわれたばかりか、日本の封建性の優性遺伝的な因子にたいするシムパッシーや無関心としてもあらわれている」

戦前の治安維持法下に起きた思想転向は、日本の伝統的思想への屈服であっただけではなく、伝統的思想の中の「優性遺伝」のような良い側面への無理解を自覚させられる出来事でもあった、という意味だ。

少し後にも、転向した若き中野重治が郷里の農村で篤実な老父から説教される場面に、こんな一節がある。

「このとき日本封建制の優性遺伝の強靱さと沈痛さにたいする新たな認識がよぎった」

優性遺伝は優位に現れるのだから強靱に決まっている。優性遺伝が沈痛というのは意味不明である。ともかくも、この一節の意味は次のようになる。老父の説教を受けた時、中野重治青年の心に日本の伝統的思想の優れた側面への認識が生じた、という意味だ。

吉本隆明は、米沢高等工業学校、東京工業大学を卒業。当初就職したのは東洋インキ。一貫して理系であった。そのわりに科学用語は不正確。文章は難解な吉本語。どうも知識人たちの間には一筋の劣悪な「劣性遺伝」があるようだ。


（二〇一七・十・六）

［補論］
精神医学の用語で、改訂する必要のない言葉が改訂され、改訂されるべき言葉が未改訂である。

改訂の必要がなかったのは「精神分裂病」であり、これが「統合失調症」と改訂された。「精神分裂病」が差別的に使われるという人権上の配慮である。しかし、「糖質」などという隠語がすぐに出現したほどで、問題は少しも解決されない。精神病と人権の関係については、もっと深く考えなければならない。人権そのものについてもである。そもそも「精神分裂病」はSchizophrenie（独）の翻訳語で、意味は「分裂・精神」である。「分裂」とは「統合が失調すること」だから、言い換えても同じではないか。敢えて違う点を言えば、「精神分裂病」は病名、「統合失調症」は症状名、ということになるが、ここで病と症の使い分けにどれだけの意味があるか。

改訂すべき用語は、精神分裂病によく現れる症状「離人症」だ。人から離れて引きこもりがちになることだと誤解されている。精神科医計見《けんみ》一雄『統合失調症あるいは精神分裂病』（講談社学術文庫）にさえ誤解が踏襲されている。「離人症」は京都大学の三浦百重《ももしげ》によるDepersonalisation（独）の邦訳であり、不適切訳である（木村敏『精神医学から臨床医学へ』ミネルヴァ書房）。Personaは人格・自己であり、それにDe-（分離）だから「人格分離症」とすべきだった。木村は「自己喪失症」がよいとしている。

悪霊と人権教育

秋だ。もうじきハロウィーンの狂騒が町にあふれかえる。愚行と言えば愚行だが、目的を考えれば、まあ一日か二日の大騒ぎだ、目をつぶり耳をふさいでおくか。目的といっても万聖節《ばんせいせつ》の意義だの祖霊を祀るだのという意味ではない。新式の「ヤリ日」という意味だ。発情期の若者たちは一日でも多くヤリ日を求めている。たまたまアメリカの祭に目をつけただけの話である。

それよりも、家族そろって微笑ましくハロウィーンというのが嫌だ。子供に奇妙な扮装をさせ、隣近所を「トリック・オア・トリート」と叫んでうろつかせるのは最悪である。中には日本語で「悪戯《いたずら》されたくなきゃお菓子をくれ」と言うガキもいる。

こんなガキが夜間戸口に現れたら、「悪戯だと？　やれるもんなら、やってみろ」と怒鳴りつけるのが正しい大人の作法だろう。それでも悪戯に走るガキがいるなら、手近にあるバットで殴り倒してやればいい。正当防衛、悪くても過剰防衛である。その場合、日本中の人権派弁護士が何百人も結集して一大法廷闘争となり、必ずや無罪が勝ち取れるだろう。ま、保証の限りではないが。

よく考えてみよう。この子供は何の権利があってお菓子を要求するのだろう。通常、家族でもない相手にお菓子を要求できるのは、売買契約の履行を求めるなど何かの債権としてである。それ以外に、この子供によって近隣の人たちの所有権が侵害されなければならない理由はない。しかも、このガキは脅迫的言辞まで弄《ろう》している。

所有権は近代法治国家の中でとりわけ強い権利として認められている。これを所有権絶対の原則という。日本国憲法も第二十九条一項に「〈所有権を含む〉財産権は、これを侵してはならない」と規定している。また、民法においても、所有権は消滅時効にかからない。ただし、誰か別人の取得時効が成立した場合、元の人は所有権を失うが、これは取得時効による反射的効果であって、消滅時効によるものではない。そもそもフランス革命時の人権宣言において、その第十七条に「所有権は神聖不可侵」と明記されている。

夜間異様な服装で脅迫的言辞を口にして不当な要求をするガキは、子供だからといって許しておくべきではない。これと闘うのは正当防衛であり、人権闘争でもある。先に、こんな子供を殴り倒しても、人権派の弁護士が集まって法廷闘争を支援してくれるはずだと書いたのは、このことである。

学校教育においても、これは重要なテーマになるはずだ。昨今人権教育の大切さが叫ばれている。私はそれとは別の意味で人権教育は大切だと考えるが、詳論はまたの機会に譲る。ともかくも、所有権を無視する人権侵害行為は、いじめなどより悪質であり、法治社会の完成を目指す意味からも看過できない。人権教育の授業でハロウィーンの菓子強要の反人権性を子供たちに啓発すべきだろう。ハロウィーンにはやはり悪霊が現れるようだ。

（二〇一七・十・二十七）

〔補論〕

ハロウィーンのこの問題は、習俗など伝統的規範と人権など外来の規範との摩擦なのだが、伝統と人権が逆転しているため、それが見えにくくなっているのである。ハロウィーンが近年外来した習俗であり、人権がこの一世紀以上ほとんど伝統的規範になっているためだ。一世紀以上というのはおかしいと思う人もいるかもしれないが、戦前でも信教の自由は条件付きながら認められていたし（大日本帝国憲法第二十八条）、表現・

結社の自由も同じであった(同二十九条)。特に所有権については、まず条件なしでこれを認め、第二項でやっと条件を付けている(同二十七条一項・二項)。外来規範と伝統規範の葛藤は、実は根が深いのである。

独立の裏面

スペインのカタルーニャ自治州の独立を目指す動きが混沌としてきた。二〇一七年十月一日の独立の是非を問う住民投票で、独立賛成が九割を超え、州政府首相は独立宣言を発する直前まで行った。しかし、中央政府は、住民投票が憲法に違反しているとして自治権を停止し、州議会の解散や州政府要職者の権限の縮小に踏み切ろうとしている。州都バルセロナでは、独立を叫ぶ大規模なデモが連日のように展開され、先行きは不透明だ。

スペインは日本人にとって必ずしも身近な国ではないが、カタルーニャの動きに関心を持つ人は中高齢者を中心にかなりいる。私自身その一人だ。スペイン史に詳しいわけではないが、一九三六年のスペイン内戦、それに義勇軍として加わったイギリス人作家G・オーウェルの『カタロニア讃歌』を通して、カタルーニャへの親近感があるからだ。フランコの軍事独裁と闘って以来の独立の気風に共感を抱いているわけだ。

「独立」という言葉は一般的に魅力的である。この言葉の対義語は「従属」である。両者を並べてどちらが好きかと問われれば、誰でも独立を選ぶだろう。アメリカの独立もイギリスへの従属からの解放であったし、一九六〇年前後のアフリカ諸国の独立も西欧諸国の植民地主義からの独立であった。

日本においても事情は変わらない。

明治の初め福沢諭吉が『学問のすゝめ』でこう言っている。「一身独立して一国独立す」。国民一人一人が近代的学問を身につけて独立すれば、一国も豊かになり強くもなって独立し、西洋諸国を恐れることは何もなくなる。明治期の国際情勢が反映された言葉だ。

明治期だけではない。大東亜戦争も、少なくともその理念においては、日本を含むアジア諸国の西洋列強からの独立があった。べ平連の中心メンバーであった小田実《まこと》でさえ大東亜戦争一部肯定論を称えているほどだ（『日本の知識人』）。

さて、こんなにすばらしい独立も、時にはうまくいかないことがある。前述のアフリカ諸国のうちいくつかの国では、独立後かえって経済も停滞し政治もうまくゆかず、内乱や大量虐殺も起きている。福沢の言う「一身の独立」のないまま「一国が独立」したからだ。

カタルーニャは、どうか。独立には期待が持てそうだ。もともと産業が発達して豊かな土地柄でもあった。そのことが中央政府への反撥にもつながっている。俺たちの生産した富が他の連中のために使われている、と。

ここにもう一つの難問が浮上するだろう。

現在、日本の富裕層は累進課税など、自分たちの稼いだ富が過剰に吸い上げられ、福祉などに使われることに不満を抱いている。この人たちがどこかの地に次々に広大な住居を購入して転入し、その自治体を政治的にも経済的にも支配し、やがて独立宣言をしたら、どうなるか。この豊かな小独立国は是であろうか非であろうか。

（二〇一七・十一・十）

［補論］

カタルーニャ独立運動については、予想外に早くから疑問の声が出ていた。

朝日新聞の二〇一七年十二月十日付では、編集委員の大野博人が「『左のナショナリスト』の憂い」と題して大きめの論評を書いている。

ニューヨーク・タイムズの「より持てる者たちが、ほかの者たちから自分を切り離そうとする運動」と指摘する記事を紹介し、続いてフランスの老政治家シュベヌマンの同旨の見解を載せる。「あれは金持ちの権利要求です」「裕福な地方が、自分たちの払う税を自分たちだけに取っておきたい」「欧州で独立を志向する地方には同様の例が多い」

シュベヌマンは社会党創設に関わった左派政治家であり、「他方で、国家へのこだわりが強い」「民主主義は国民国家の中でしかうまくいかない仕組みだと考えるからだ」。

是非はともかく、興味深い意見である。少なくとも日本の左派にはあまり見ない人物である。

巧妙なる謀略か

二〇一七年十月二十六日、一九六三年のケネディ米大統領暗殺事件に関する資料が公開された。これまで非公開だったが、一九九二年の法律でこの日までに公開するよう定められたからである。それでも一部の資料は情報提供者の保護などの名目で未公開のままだ。アメリカの世論調査によると、国民の六割が事件には裏があると思っている。

それも無理はない。実行犯L・オズワルドは事件直後に逮捕され、わずか二日後、移送中にJ・ルビーによって射殺された。そのルビーも三年二ヶ月後、再審請求中の獄中で病死している。この二人にはともに不審な言動があり、周辺にも怪しげな人物の影がちらつく。

真相解明を求める声はまだ二十年や三十年は続くだろう。

一国のトップが暗殺された事件は日本にもある。一九〇九年(明治四十二年)、内閣総理大臣を経て韓国統監であった伊藤博文がハルピン駅頭で韓国人安重根に射殺された事件である。

この事件は、日本の韓国併合を控えた時期に起きたものでもあり、安重根の高潔な人物像が伝えられていることもあり、何より安が韓国の国民的英雄としてソウルの安重根義士記念館に祀られていることもあって、植民地主義の頭目を民族主義者が狙撃した事件だと思われている。日本の愛国系の論者の中には、一国のトップの暗殺者を顕彰することは決して許されない、と批判する人もあるが、では、ヒトラーやスターリンの暗殺ならどうなのか、という反論が予想されるだろう。私はそういった観点ではなく、事件そのものに疑念を持つ。

事件の闇を詳しく探った書に大野芳《かおる》『伊藤博文暗殺事件』（新潮社、二〇〇三）がある。そこでも言及されている上垣外憲一『暗殺・伊藤博文』（ちくま新書、二〇〇〇）や後の研究書である伊藤之雄『伊藤博文をめぐる日韓関係』（ミネルヴァ書房、二〇一一）などを読むと、ケネディ事件以上の暗黒が背後にあるようだ。巧妙に仕組まれた謀略らしい。

まず、事件の状況そのものがかなり不可解である。ハルピン駅頭で伊藤博文に近づいてきた安重根はピストルで伊藤を撃った。周囲にいた人たちは数発の銃声を聞いている。事件の記録や遺体解剖の所見などによれば、伊藤の体内から三発の銃弾が見つかっている。そのうち一発は拳銃弾ではなく小銃弾である。拳銃弾と小銃弾とではサイズが違い共用はできない。しかも、小銃弾の銃創を見ると、体内への射入角が上方からのものである。安以外の協力者がいて屋上などから狙撃した可能性がある。

次に、伊藤博文の韓国観である。伊藤は日韓併合消極論者だった。もともと朝鮮民族の自立自治の能力を信頼しており、国際情勢を考慮して韓国を保護領化するにとどめるべきだと考えていた。ところが、伊藤暗殺によって併合の勢いは一気に進み、翌年には日韓併合となった。安重根の行動は逆効果だった。しかも、安重根義士説が定着した以上、真犯人追及はできなくなり、永遠に真相は葬られる。大野芳は、軍部強硬派と右翼勢力が背後にあると推測している。

（二〇一七・十一・二十四）

〔補論〕

謀略史観と通称されるトンデモ説がある。ユダヤ人が世界征覇を企んでいる証拠という「シオンの議定書」がその典型である。十九世紀末から二十世紀初めにかけて広がり、ナチスによるユダヤ人虐殺を招くことにもなった。確かに、ユダヤ資本がダイヤモンド業界を支配しているような事実はあるが、それを言うなら石油業界はアラブ資本が支配しているし、時計業界はかつてスイス資本が支配し今では日本資本が支配している。一部の現象だけを見て信じ込むのではなく、広い視野で冷静に判断しなければならない。

いくつもの資料により冷静に考えて、ケネディ暗殺事件は「かなり」怪しいし、伊藤博文暗殺事件は「極めて」怪しい。少なくとも、解剖所見から考えて犯人は安重根以外にもいたはずだが、その追及はおざなりであった。

最近では、背後で糸を引いていたのはロシヤではないかという説も出てきている。私は、その後の歴史的経過から考えて、本論で述べた通り、軍部強硬派あたりが怪しいと思う。

陳腐な「陳腐」バトル

二〇一七年十二月二日付朝日新聞土曜版に「自撮《じど》り」を考証した記事が載った。そこにこんな文章がある。

「丹精な顔がぶれないようじっと目線を流し続けた」

顔といっても朝顔じゃないんだから、丹精したりはしない。端正な顔がブレボケでは台無しなので、じっとしていたのだ。

最近はパソコン入稿が主流になり、「端正」を「瑞正」とするような間違いは起きにくいのだが、読みが同じの「丹精」とか「嘆声」とするような間違いはかえって起きやすい。

この記事も校閲の目を逃れてしまった。

まあ、これは誤報だの国語力低下だのではなく、単なる笑い話。しかし、平成改元時に、笑い話ではすまない大事件があった。

一九八九年二月九日号「週刊ＳＰＡ！」は大ミスのため発売中止、既発送分は回収となった。猪瀬直樹の連載コラムの小見出しに「大正洗脳の遺体保存には『朱』、昭和天皇はドライアイス?」とあったのだ。猪瀬には『天皇の影法師』や『ミカドの肖像』があり、天皇テーマの文章には細心の注意を払っていたし、小見出しは編集者が付けるから、完全に編集部のミスによる誤植だった。

一見誤植のようで実は言論人の国語力低下を象徴する記事も目にする。

二〇一七年十二月一日付産経新聞に山岡鉄秀が「慰安婦問題」と題し、先月訪韓したトランプ米大統領が元慰安婦をハグしたかのような演出を批判している。論旨に一理はあるのだが、次のような一節もある。

「こんな陳腐なことを国家レベルでやってみせるのが真の『韓流』ということらしい」

この「陳腐」って何の誤植だろう。似た漢字、似た読みの熟語が思い浮かばないのだ。

ははあ、山岡は「陳腐」を「低俗」の意味で得意気に誤用しているのだな、と気づいた。あるいはcheep(安っぽい)の漢語表現!?と思っているふしもある。陳腐《チープ》って。

「陳腐」は「古臭い」という意味である。「陳」は「のべる(陳述)」のほかに「ふるい」とも読む。「腐」ったものは臭い。しかし、慰安婦ハグ演出は珍奇ではあっても古臭くはない。

ここで思い出したのが、この夏に起きた美容整形外科医高須克弥と民進党議員（当時）大西健介との陳腐バトルだ。テーマが「陳腐」だったし、バトルも昔からある無知な者同士の陳腐な争いだった。

きっかけは、大西が厚労委で「エステ業界は陳腐な広告が多い。イエス○○クリニックみたいに」と発言したことだ。これに対し高須が名誉毀損だとして一千万円の損害賠償を求める訴訟を起こした。

しかし、エステだの美容整形だのの広告は、大昔から「美しくなります」式の陳腐なものばかりではないか。風邪薬の広告は「熱・咳に効きます」式の陳腐なものばかり。食品の広告は「美味・滋養」を強調する陳腐なものばかり。大西はなぜこれらを厚労委で問題にしないのだろう。高須は陳腐な広告だと批判されるのが嫌なら「当院ではブスを作ります」と斬新で珍奇な広告でも始めたらどうか。

いやはや。この調子では二〇一九年の天皇退位の報道では、どんな誤植や誤用が出て来るか分からない。今から心配である。

（二〇一七・十二・二十二）

［補論］

高須克弥は、私の卒業した地方高校の先輩らしい。学年が違うため私の記憶にはないが、相当優秀な生徒だったようだ。母校創立以来初めて昭和医大に進学した学生が出たとして話題になったという。昭和三十年代のことである。

私は今に至るまで売れない評論家である。一九八八年年頭に出した『バカにつける薬』（双葉社）は、私の著作の中ではいくらか売れた方だが、それでもわずか十万部にしかならなかった。後に文庫化されたがやはり売れ行きは芳しくなく、六刷七万部にしかなっていない。ところが、拙著の半年ほど後に出た高須克弥『バカにつける薬』（新潮ＯＨ！文庫）は大好評で今に至るまでロングセラーになっている。累計で一千万部は売れたのではないか。全く同じタイトルでしかも後発なのに、大きな差をつけられた。

さて、本論で述べた「陳腐訴訟」だが、二〇一八年四月、東京地裁は「大西氏らの国会議員としての職務行為」だとして、高須克弥の請求を棄却した。「陳腐」が誤用か否かの判断を示さなかったことが、私は残念である。

舟を読む

二〇一八年の一月十二日、『広辞苑』の第七版が発売される。しかし、国民的国語辞典と言われる『広辞苑』も、発行部数が長期低落傾向にある。平成期に入ってからだけでも、第四版が二百二十万部、第五版が百万部、第六版が五十万部と、改版ごとに半減している。今回の第七版も三十万部に達しないかもしれない。

確かに、若者たちが辞書を読まなくなった。『広辞苑』もどれだけの若者が読んでいるだろう。高齢世代である私だって、偉そうなことは言えない。まだ一回しか読んだことはない。まともな知識人なら、改版が出るたびに読みなおすはずだ。

私が一回だけ『広辞苑』を読んだのは、二十代の終わりの頃だったか。読むはしから忘れていくので、やはりノートを取りながら読むべきだったと、一応読み終わってから反省した。

それでも通読の成果が少しはあった。まず、原編者・新村出《しんむらいずる》の序文が面白かった。普通なら「上記のように」とあるはずの文が「上記のごとく」、「こうして」とあるはずの文が「かくて」、「している」という文は全く出て来ない。あ、これは現代仮名遣いが嫌なのだな、と気づいた。「上記のやうに」「かうして」「してゐる」という歴史的仮名遣いが文部省によって禁圧されていることへの抵抗が、こういう序文になった。歴史的仮名遣いで書いても現代仮名遣いで書いても全く同じようになる文章にしたのである。

本文に誤りを発見し、指摘の投書をしようとしたこともある。もしやと思って新しい刷《すり》を書店で確認すると、既に訂正してあってガッカリした。こういうものは一番槍でなければ意味がない。『新明解国語辞典』は読んだことはないが、サイズが手頃なので頻用している。その結果、「帯説《たいせつ》」という言葉も知った。この言葉は他では『大言海』ぐらいでしか見たことはない。この『新明解』でも誤りをいくつか発見したが、新しい刷では既に訂正され、やはり一番槍を逸した。

ところが、誤りを指摘した手紙を出し、次刷で訂正しますという返事ももらっているのに、なぜか今も誤りのままになっている辞書もある。『岩波新漢語辞典』だ。

私はこの前身の『漢語辞典』で誤りに気づいた。「使」の項目に、次のようにある。

「使孔子知㆔顔淵愈㆓子貢㆒則…＝もし孔子、顔淵の子貢に愈《まさ》るを知らば、すなわち…〔論語〕」出典が『論語』とあるが、『論語』中にこの章句はない。公冶長《こうやちょう》篇に、孔子が子貢に「お前と顔淵とどちらが愈《まさ》っているか」と問う一節があり、内容は似ているけれど文章が全然ちがう。あるいは『孔子家語《こうしけご》』あたりかと見当をつけて探したが見当たらない。とにかく、この出典表示は誤りだから、指摘の手紙を出した。しかし、前述のように、返事はあっても未訂正のままだ。

そういえば、中学生の頃、一冊本の百科事典を読んだこともあったが、この話はまた別の機会に。

（二〇一八・一・十九）

〔補論〕

大学で文章表現法の授業を長く担当していた。最初の授業で、辞書を持っていない学生には直ちに辞書を買えと勧め、近くに神田古本屋街があるから古本でも十分、えてして古本の辞書の方がよい、と話す。新しい版には新語が収録されているが、そんなものは学生諸君の方がよく知っている。それより、新しい版から消される言葉、特に差別語として抹殺される言葉が収録されている方が重要なのだ。少し昔の本に出てくる言葉が分からないからだ。「百姓読み」という言葉は、『新明解』の第二版には載っているが、第五版にはない。私は両方所有していて、普段は第二版を引く。『広辞苑』は手元にある第三版までは載っていたが、それ以後はどうだろうか。

百姓読みとは、偏《へん》や旁《つくり》にまどわされて漢字を誤読することを言う。「残滓《ざんし》」を「ざんさい」、「直截《ちょくせつ》」を「ちょくさい」などだ。この「百姓」は農民を意味する差別語だから抹殺するということらしいが、私はこれは「たくさんの姓」すなわち庶民ということだと思う。

医学界では「口腔《こうこう》」を「こうくう」と読む。しかし、込めるのは「満腔《まんこう》の怒り」だし、クラゲは「腔腸《こうちょう》動物」だ。「口腔《こうくう》」と読むのは百姓読みではなく「口孔《こうこう》」と区別するためだとする説があるが承服できない。それなら「腹腔《ふくこう》」を「腹腔《ふくくう》」と読むのは何と区別するためか。百姓読みと医者読みの違いについて森林太郎博士にでも尋ねてみたいところである。

元死刑囚やら元信徒やら

二〇一七年十二月、気になる報道が続けて二つあった。気になったのは報道された事実ではなく、報道のしかたである。何でもない記述に現代の良識の亀裂が感じられる。

まず、十二月十九日の朝日新聞夕刊。「犯行時に少年　死刑執行」と見出しして、同日死刑執行された二人のうちの一人、関光彦死刑囚は、事件当時少年だったと報じている。記事の末尾には「おことわり」が付き「死刑が執行されたことを受け、実名での報道に切り替えます」「2004年、事件当時は少年でも、死刑が確定する場合「実名で報道する方針」にした、とある。死刑確定で「社会復帰の可能性」がなくなったからだという。

この実名・匿名措置は、記事にもあるように少年法の趣旨に沿ったものだ。少年法への賛否は措くとして、現実に少年法がある以上、これは妥当だろう。私が気になったのは、そこではない。記事中に何度も出てくる「関光彦死刑囚」という「呼称」のことだ。

通常、名前の下に付く一種の接尾辞は「敬称」と言う。さん、君、殿などだ。役職や肩書でこれに代えることもある。教授、部長、議員などだ。こうした敬称を付けないのは失礼だ、さらには人権侵害だ、という奇怪な風潮が広まり、何でもかんでも敬称を付けるようになった。ついには死刑囚にまで敬称を付けなければならなくなり、だからといって犯罪者を「敬う称」もおかしいので「呼称」という便法が発案された。

しかし、「関光彦」と呼び捨てにされるのと、「関光彦死刑囚」と呼称を付けられるのと、関光彦当人にとってどちらが不快だろう。まことに不可解な人権尊重である。

この記事には、関光彦死刑囚以前の例として「永山則夫・元死刑囚」が言及されている。いわゆる「連続射殺魔事件」の犯人で既に二十年以上前に死刑執行されている。しかし、永山が「永山則夫・元死刑囚」なら、幸徳秋水は「幸徳秋水・元死刑囚」ではないのか。高橋お伝は「高橋お伝・元死刑囚」ではないのか。石川五右衛門は「石川五右衛門・元死刑囚」ではないのか。人権侵害は処刑後何年経ったら許されるのか。いつ国会で決まったのか。

と思っていたら、それから旬日《じゅんじつ》を出《い》ずして、二〇一七年十二月二十七日の朝日新聞夕刊に「菊地直子元信徒　無罪確定へ」との記事が出た。

菊地直子元信徒とは、オウム真理教による爆発事件で爆薬原料を運んだとして殺人未遂幇助《ほうじょ》などに問われた人物である。これについて、テロに使われるとの認識がなかったとして、無罪判決が出た。

判決内容への賛否は、ここでもさて措き、「菊地直子元信徒」という呼称が奇妙である。さん付けにも抵抗があるし、呼び捨てにもできないし、オウム信徒ではなくなったことを強調してこの呼称にしたのだろう。

それなら、背教者ユリアヌスは「ユリアヌス元信徒」としなくていいのだろうか。国会ではなく、ローマ法皇庁の見解を尋ねてみたいところである。

（二〇一八・二・二）

［補論］

呼称・敬称がどんどん変になっていくのが面白い。

二〇一八年一月三十日付朝日新聞は「キャバクラ経営者４７００万円脱税の疑い」と見出しして、こう報じている。

「平塚秀昭・実質経営者（48）を所得税法違反の疑いで静岡地検に告発したことがわか

った。平塚氏は容疑を認めているという」

「実質経営者」という呼称が変だ。これは名義上の経営者は別にいて、この人物が実質的な経営者、という意味らしい。しかし、続く文章では「平塚氏」としている。

同五月十二日付朝日新聞では「メディアタイムズ」という特集欄で、呼称論議を扱っている。

「人気アイドルグループ『TOKIO』のメンバーだった山口達也さん（46）が強制わいせつの疑いで書類送検され、不起訴（起訴猶予）になった問題で」「多くの報道機関が使った『メンバー』という呼称」について議論が起きている、というのだ。なぜ「容疑者」じゃないのか、というわけである。朝日新聞では「ガイドラインに基づき」「個別に判断する」としている。

そう言われればそうかもしれない。

建国の英雄の謎

二〇一四年夏、朝日新聞は朝鮮人慰安婦についての従来の記事の取り消しと謝罪を発表した。これによって同紙は数十万部の部数減になり、世に流通する朝鮮問題（南北ともに）の言説にはフェイクが相当あるとの疑念が広まった。こうしたことがネット右翼や嫌韓ブームを勢いづかせることにもなっている。そうであればネット右翼や嫌韓風潮を批判する側が朝鮮問題の隠された真実を率先して明らかにしなければなるまい。

北朝鮮の初代最高指導者金日成についての疑惑もその一つである。

二〇一七年十二月八日付産経新聞に興味深い記事が出た。モスクワ支局長遠藤良介の連載記事「百年の蹉跌《さてつ》―ロシア革命とプーチン」は、ロシヤ革命に関連させて北朝鮮成立事情に言及している。

「『金日成』はもともと抗日戦の伝説的英雄の名前だった。ソ連が、この英雄とは別人の金成柱《ソンジュ》という無名の大尉を連れてきて『金日成』とし、北朝鮮の指導者に仕立てたのである」

つまり、金日成ニセモノ説である。我々のよく知る金日成は金日成ではなく、金成柱という人物がなりすましていた、というのだ。

この話は一部では知られているものの、今に至るまでその検証も含めて秘匿されているに等しい。北朝鮮においてのみならず、日本のマスコミや研究者においてもである。最近やっと金日成の本名は金聖柱であると語られだした。「成柱」と「聖柱」は日本語でもともに「せいちゅう」、朝鮮語でもともに「ソンジュ」で読みは同じだが、字面は「聖柱」の方が威厳がある。

二〇一六年十月三十一日付の産経新聞では、編集委員の大野敏明が「『初代金日成』の本名」という大きな記事を執筆している。

初代金日成というのは「本物の金日成」という意味で、一九二〇年代に抗日独立運動を指揮した。北朝鮮の初代最高指導者、金日成主席は一九一二年生まれだから、彼が本当に金日成だとしたら、十歳前後の子供でありながら抗日運動を指揮したことになる。まさしく神話である。

金日成ニセモノ説、あるいは複数説は、実はかなり以前からアングラ的に流れていた。一九七六年の李命英『四人の金日成』（後にワニ文庫『北朝鮮　金日成は四人いた』）は、中でも早い例である。一読後、知人の朝鮮史研究家に問うと、李命英は信用できんと言う。私としては真偽は決しかねたが、それでも何かがあるとは思った。というのは、学生時代に、戦時中満洲で情報収集の仕事に関わっていた年配者から、金日成はニセモノだよ、と聞いていたからである。

この問題は単なる歴史秘話である以上に、政治学・社会学的テーマにつながる。一つは、統治権力の正統性の問題である。金日成を名乗ることが正統性の証しになっているからだ。これは日本における同種のテーマを考察する上で参考例となるだろう。また、英雄複数説も思い起こさせる。白土三平の雄篇『忍者武芸帳』にもこれが描かれる。白土は金日成神話を既に知っていたのかもしれない。

（二〇一八・二・二十三）

［補論］

権力の正統性legitimacyとは、個々の政策の正否や批判の有無にかかわらず、その権力を継承・執行する根拠、といった意味である。選挙で国民に選ばれたとか血統によって王位に就いたとかであるが、北朝鮮の場合、反日パルチザンの指導者の一族であることが正統性である。ところが、反日パルチザンは朝鮮北部に複数存在しており、その一つの指導者が本物の金日成なのである。この人物と北朝鮮の金日成主席とでは年齢に齟齬《そご》が生じる。

権力の正統性は、落語や歌舞伎の名跡《みょうせき》にたとえると理解しやすい。柳家小さんの名跡を継げば、実際に名人であろうとそうでなかろうと名人小さんである。また、各地の素人寄席に御当地の小さんも現れる。北朝鮮各地の抗日パルチザンにも御当地の金日成が《えいゆう》いたらしい。

政治の根底には、非物理的なこうした「力」も存在している。

女権論と王権論

年末年始、角界の不祥事が続いた。下位力士への暴行事件。横綱白鵬の品格に欠けるふるまい。いずれも近代スポーツではない伝統体技だからこそ起きる問題だ。学校教育にも取り入れられている陸上競技や球技では、こんなことはない。暴力事件があれば関係者の処分は当然。競技に求められるのはルールを守ることのみ。しかし、大相撲は伝統体技だから近代スポーツとは違う思想に貫かれている。現代の良識との齟齬も生じる。

だが、暴力や品格の問題は比較的簡単に改革が可能だ。暴力をやめたところで困ることは何もないし、品格も単にルール化すればすむ話だろう。しかし、これまでも度々問題になった「女人禁制」はそう簡単に「改革」はできまい。

二〇一八年二月十一日付朝日新聞（東京本社版）は、この問題を取り上げている。

それによると、江戸期までは千秋楽以外女性の相撲観戦はできなかったという。幕末の四賢侯と称される山内容堂の助言で明治初年から女性の観戦ができるようになる。しかし、今も土俵には女性は立てない。一九九〇年森山真弓官房長官は総理大臣杯授与に際し土俵に立てなかったし、二〇〇〇年太田房江大阪府知事も府知事賞授与に際し同じことを体験した。

この女人禁制は、能力論ではなく、宗教的な「穢《けが》れ」思想から来ている。能力論なら科学的論証によって改革を促すこともできようが、宗教に対して科学的論証は無意味だ。神事に起源を持つ相撲であれば、改革は容易ではない。

この女人禁制を因習・宗教・天皇制・政治権力というセットでとらえる人も多かろうが、ことはそう単純ではない。

佐藤健『南伝仏教の旅』（中公新書）という興味深い旅行記がある。一九八九年の刊行だから、情報は少し古いし、何より古書価が高くなっている。それでも読んで損はない好著だ。

この中にタイについての一章がある。タイでは憲法で信教の自由は認められているが、小乗仏教（いわゆる上座部仏教）が国教となっている。国王は仏教の守護者であり、国民の九割以上が熱心な仏教徒である。国民の王室への敬慕の念も強い。しかし、そうであるからこそ、我々にとって意外に思えることもある。

プミポン国王（当時）の二女シリントーン王女は、美貌と気品で絶大な人気を誇る。王女が国民的功労者を表彰する時は延々二時間もテレビ中継が行なわれる。表彰される人は恭《うやうや》しく拝礼し賞を戴《おしいただ》く。しかし、受賞者が僧侶の場合はちがう。僧侶は一礼もせず、手ずから賞品を受け取ることもしない。逆に王女が僧侶に拝礼し、賞を「もらっていただく」のだ。

佐藤は、ここに王権と宗教権威の拮抗《きっこう》関係を見る。しかし、さらに穢れ思想も指摘しないわけにはいかない。僧侶は、たとえ王女であろうと「穢れである女」に触れられないのだ。最も反動的である女性蔑視思想が王権思想に楔《くさび》を打ち込む逆説がここにある。

（二〇一八・三・九）

［補論］
十年以上前のことになるが、二〇〇七年十月九日付朝日新聞の外報記事に興味深いことが書かれていた。タイの隣国ミャンマー（ビルマ）の話だ。タイ・バンコク支局の山本大輔記者の署名記事である。

当時、ミャンマーは軍事政権下であり、いくつもの反政府闘争が展開されていた。その一つに「ミャンマーの民主化を願って女性の下着を世界各国のミャンマー大使館に送り、軍政の力を弱体化させようというユニークな運動」があるという。

タイやミャンマーでは、女性の下着に触れると男性の力がそがれるという迷信が強く信じられており、これを利用したものだ。タイ北部のチェンマイに本部のある一種の亡命勢力「ランナ・アクション・フォー・ビルマ」の発案によるもので、タイだけでなくオーストラリアやアメリカでも、ミャンマー大使館に下着の送付が始まっている。「パンティーの力運動」と名付けられているという。

お色気による反軍事政権運動のように見えるがそうではなく、「女という穢れ」による反軍事政権運動というところがユニークだ。ここでも反動的な迷信が強権政治に抵抗する武器になっている。

憲法を知らない子供たち

春だ。新聞紙面に憲法論議が出る時期になってきた。五月三日憲法記念日を控えているからだ。二〇一八年三月二日付朝日新聞に哲学者の國分功一郎が「言葉が失墜『物語』なき憲法論」と題して、こんなことを書いている。

「憲法というのは高度に専門的・技術的であって、素人が容易に口出しできるものではない。ところが、戦後日本の憲法学を牽引してきた学者たちの言葉は」「どこか文学的だった」。それは憲法が「何らかの物語を必要とするからだ」。現在「憲法論議が盛ん」なように見えるが、それは「憲法を支えてきた物語が理解されなくなった」からだ。

哲学者のおっしゃることは「高度に専門的」でよく分からぬが、憲法の理念を支える歴史が理解されなくなっている、ということらしい。確かにstory（物語）とhistory（歴史）は同原だ。

しかし、私は憲法論議には「専門的・技術的な論議」こそが重要だと思う。法治社会では法はきわめて体系的かつメカニカルに構築されているからである。

憲法論議でいつも争点になっているのは第九条（戦争放棄、交戦権否認）である。これは改憲派（再軍備派）・護憲派（非武装派）とも同じである。しかし、賛否は別にして軍備について考えるなら、第九条だけではなく、第七十六条二項にも思いを致さなければならない。極言すると、これを改正しなければ軍隊なんて保持できないし戦争なんてできないのだ。

第七十六条二項は「特別裁判所」の設置禁止を定めている。特別裁判所とは端的に「軍法会議」すなわち軍裁判所のことである。近代国家における軍隊には、必ずこうした軍司法が存在する。そうでなければ軍隊は混乱に陥り、戦争はできない。攻撃あるいは逆に防禦において、相手を殺傷した場合、また第三者を殺傷してしまった場合、さらに相手の物品や建造物を破損した場合、またそれらが第三者の所有物であった場合、さらには戦場でしばしば起きる戦争犯罪、これらは通常の刑法・刑事訴訟法では処断できない。まさに戦争はC・シュミットの言う「秩序の例外状況」だからである。

事実上の軍隊である自衛隊は、出自が警察予備隊であることからも分かるように、法的には一種の警察のような扱いを受けている。軍も警察も「国家の暴力装置」でありながら、その権能・態様はちがう。警察は「警察比例の原則」により、相手に相応する武力行使しかできない。自衛隊にも自衛隊法とともに警職法が準用される。

日本国憲法は、第九条のみならず、こんなところにも戦争への歯止めを仕掛けている。しかし、改憲派はこれを知っているから触れたがらないし、護憲派は知らないから触れられない。物語のあるなしより、こちらの方がよほど重要ではないか。私の学生時代、『戦争を知らない子供たち』という歌が流行った。戦争を知らないことは自慢にならないし、最悪の戦争を招きかねないと私は思った。

（二〇一八・三・三十）

［補論］

二十年ほど前、私製憲法作りがごく小さなブームになった。市民運動団体などの人たちの間での話である。中学・高校の授業だか自由研究だかでも、そんなことが行なわれたように記憶する。憲法改正の動きが強まる中、従来の護憲を訴えるだけの守りの姿勢ではなく、積極的に理想の憲法を提起していこう、という意図であった。

こういう動きに、私は極めて冷笑的だった。その理由の一つが、「憲法というのは高度に専門的・技術的であって、素人が容易に口出しできるものではない」からである。知らないことは危険である。知らないことを誇ることはもっと危険なのである。

憲法学の「満ち欠け」

前回憲法を論じた際、法は体系的かつメカニカルに構築されていると書いた。この点で法律学は数学や物理学に近い。言葉の定義を明確にし用法を厳密にするところも同じだ。数学で「ピタゴラスの定理」とは言うが「ピタゴラスの原理」とは言わない。物理学で「速さ」と「速度」は明確に区別される。法律学においても、似た言葉を区別する。「みなす」と「推定する」は別の意味である。「条文を削除する」と「条文を削る」も意味が違う。そうであれば、法学者が法律を論じる場合、法律用語以外でもキーワードとなる言葉、とりわけ外国語を翻訳した言葉は正確に使わなければなるまい。

二〇一六年に岩波書店から『現代憲法学の位相』という本が出た。著者は林知更《はやしとものぶ》。東大法学部卒の東大教授である。

私は、憲法学の位相を論じた本とは画期的だなと思って手に取った。しかし、目次を見ても位相らしき話は出てこない。序章を読むと、こんなことが書いてある。

「本書の標題『現代憲法学の位相』は、憲法学という学問が現代においていかなる位置と様相を有しているかを問うという本書の意図を表現している」

林教授は「位相」を「位置と様相」の縮約表現だと思っているらしい。確かに「東大」は「東京大学」を縮約したものだが、「位相」は縮約表現ではない。phaseの訳語である。topologyを「位相幾何学」と訳すが、憲法学と位相幾何学とはもっと無関係だ。

phaseを手元にある『ライトハウス英和辞典』（第二版）で引いてみよう。学生向けの辞書であるから、大学には数冊はころがっている。語義説明には英語の別表現も付けて、次のようになっている。

側面aspect、段階stage、そして「月などの相」として月の満ち欠けの図も掲載されている。百科事典などではこれを「月の位相」とする。

林教授の御著作『現代憲法学の位相』には、憲法学の側面も、憲法学の段階も、憲法学の満ち欠けも、全く論じられていない。

なんでこんなおかしな言葉を得意気に使うのだろう。現代憲法学の理解がますますムツカシクなるばかりだ。御著作が英訳されるとしたら、どう訳すのか。

意味不明の「位相」の跋扈《ばっこ》は学界だけにとどまらない。

二十年ほど前、在野の研究者による日本近世の庶民誌が話題になった。なかなかの労作であり、私も書評のたぐいで何度か紹介した。しかし、その第九章が「女の位相」と、題されている。女の側面？　女の段階？　女の満ち欠け？　著者は近世における女の「位置」と言いたいらしい。それなら平易に「女の位置」とすればいいではないか。私は著者に指摘の手紙を出した。返事には、確かに御指摘の通りではあるが、意味は通じるからこれでいい、とあった。近世庶民の謙虚質朴な豊かさを描いた著者に相応《ふさわ》しくないと思った。

（二〇一八・四・十三）

［補論］

朝日新聞紙面から、最近のおかしな「位相」をいくつか拾っておこう。

二〇一六年七月五日付には、イギリスのＥＵ離脱国民投票を大きく報じる記事が出た。

「今回の国民投票は、古いイデオロギー的な亀裂とはまったく違う位相の分断を可視化させた」

「まったく違う」が「位相」に掛かるのか「位相の分断」に掛かるのか、よく分からないが、どちらにしろ意味不明である。「まったく違う側面の分断」もおかしいし「まったく違う満ち欠けの分断」もおかしい。省略した前後の文章を読むと、富裕層だの都市部の労働者だのと出てくるから、「位相」を「階層」のことだと思っているようだ。署名は、石松恒と太田成美の連名である。英字朝日はどう翻訳したのだろう。

次は外部執筆者の例だ。

二〇一七年六月十六日付夕刊の映画評は、映画評論家森直人の寄稿である。映画『22年目の告白―私が殺人犯です―』を論じている。見出しに、大きくこうある。

「社会の位相　射抜いて現実味」

社会の段階を射抜くことはできないし、社会の満ち欠けも射抜けない。何を言いたかったのだろう。

公平を期して正用も紹介しておこう。ただし、片仮名語である。

二〇一八年六月十五日付同紙では、北朝鮮の拉致問題の新しい動きを追っている。「河野太郎外相は記者会見で『拉致問題は新しいフェーズに入った』と語った」

ここでこそ「位相」と言うべきだった。

不健康な宗教者たち

三回前に角界の「女人禁制」を論じたばかりだが、大相撲春巡業でまたこの問題が起きた。

二〇一八年四月四日舞鶴市の巡業で土俵上であいさつ中の多々見良三市長が突然倒れ、客席にいた看護婦（俗に言う看護師）らが緊急救命処置のため土俵に上がったところ、場内放送で土俵から下りるように指示があった。市長はくも膜下出血だった。しかも、救命処置をした看護婦らが土俵を下りた後、土俵に清めの塩がまかれた。

これについて日本相撲協会は「人命にかかわる状況では不適切な対応」と謝罪する一方、清めの塩については「骨折やけががあった際の通例であり、女性が土俵に上がったことは無関係」と苦しい言いわけをしている。

二日後の四月六日宝塚市の巡業では、中川智子市長があいさつを土俵下でするよう要請され、一応はそれに従ったものの「女性差別」だとして「変革する勇気」を訴えた。

前も述べたように、相撲は近代スポーツではなく、宗教に基づく祭事である。宗教内の論理は宗教外の論理としばしば背馳《はいち》し、しかもこれを説得することは不可能なのである。

我々は誰でも健康を望む。それ故健康増進のための啓発や教育が行なわれる。これによって、不健康な生活をしていた人はそれを改めるだろう。改めることができない人でも、改めた方が健康にいいだろうと説得はされるだろう。

しかし、宗教はそうではない。宗教者のする修行のうちのいくつかは、医学的に見て明らかに健康を損なう。それでも宗教者はその不健康な修行をする。神がそう命じているからだ。健康を損なっても神の命に従うことは、むしろ宗教者の誇りである。

愛知県稲沢市の国府宮《こうのみや》神社は、勇壮な「はだか祭」で知られる。数千人の裸形《らぎょう》の男たちがもみ合い、何年かに一回は死者が出る。二〇一八年春も一人が死亡した。「人命にかかわる状況」だが、祭を「不適切」とする謝罪はない。また、女人禁制もあるが、「変革の勇気」を訴える声も出ない。このはだか祭に類する祭は全国各地にある。

イスラムではラマダンに断食が行なわれる。昼間は一切の食事をせず、日没後に食物の食いだめをする。空腹と過食が毎日毎日一ヶ月間くり返される。暑い時期だろうと、水分補給もできない。健康上の観点からは絶対にやってはいけないことをするのだ。理由は、神もしくは予言者の命令だからである。宗教は健康のためにあるわけではない。宗教は宗教のためにある。宗教のためだけにある。

イスラム系住民がラマダン中に子供の学校給食を拒否したらどうするか。アルコールの入る味醂は使えない。醤油にも通常少量のアルコールが入っているから使えない。少量ならよいということではない。健康の観点からではないからだ。さらに豚汁はどうするか。豚由来の薬品を病院で緊急使用する事態になったら、どうするか。

同様の問題は、キリスト教でも起きている。キリスト教原理主義の一派では輸血を拒否している。そのため、交通事故に遇《あ》った子供が死亡している。

我々は、信教の自由の名のもとに、異文化理解の名のもとに、宗教を甘く見ているようだ。私は宗教は実に魅力的だと思う。理不尽だからこそ魅力的だと思う。危険だからこそ魅力的だと思う。

（二〇一八・四・二十七）

［補論］

禅寺などの精進料理や修行食が健康によいとして注目されるようになった。寺の方でも、これが何か仏教の優れた点でもあるかのように宣伝している。仏教理解を妨げる効果しかないことに気づかないのだろうか。

精進料理が健康にいいのは、飽食の時代である現代だからであって、栄養状態の悪い昔であれば健康によいとは言えない。日本人の寿命が伸び、体格も大きくなったのは、肉食など非精進料理が広まったからである。現在はその行きすぎの害が出ているだけだ。そもそも、仏教は健康法や長寿法を説く宗教ではなかったはずである。

さまざまな宗教に断食や食物タブーがあるが、そのうちどれ一つとして健康によいものはない。健康のために宗教はあるわけではない。宗教は神のためにある。女性解放も同じである。中には、女性解放に近い教義を持つ宗教もある。しかし、それはその神がそのように宣《のたも》うたのが根拠なのである。

生命絶対主義の苦痛

二〇一八年一月末、評論家の西部邁《すすむ》が自決した。空しく見苦しい余生より、自らの意志で死を決断する。まさに自決であった。対談や講演などで交流のあった私としては、西部さんらしい逝き方だなと思った。

しかし、四月になって予想外の報道を知ることとなった。西部の自決を手伝った二人の人物が自殺幇助《ほうじょ》罪で逮捕されたのである。二人は西部の思想的共鳴者であり、言論活動の協力者でもある。自決の手伝いは当然と言えるところであるが、法律上は許されない。二十六日には起訴となった。西部はしばしば生命絶対主義への懐疑を口にしていたが、期せずして西部の思想は法律に体現された常識論への批判の一矢となった。

日本では自殺は刑法に触れない。キリスト教国などには自殺を犯罪とする国もあるらしいが、未遂しか罰しようがない。まさか自殺した遺体を投獄するわけでもなかろう。キリスト教由来の伝統がなく、自決も人間の尊厳を守る儀式の一つと考える日本では、自殺そのものは不可罰となっている。

しかし、不思議なことに自殺幇助は罪になる。本来、幇助犯は正犯に対する従犯であり、正犯が罰せられるからこそ、その協力者である従犯も正犯に準じて罰せられるはずである。ところが、自殺幇助は、自殺そのものが罰せられないのに、これが独立して一つの犯罪となっている。

それには一応の理由がある。

他人を追いつめて自殺させる自殺教唆《きょうさ》や無理心中のような場合は一種の殺人である。これが犯罪となるのも納得できる。しかし、自殺者に共鳴した介助者を罰する理由は何だろうか。唯一考えられるのは、自殺は自分の生命を処断することだから許されもするが、幇助は他人の生命を殺《あや》めることになるから許されない、という理由だ。当然ながら、かなり苦しい理由である。

自殺幇助罪の孕む問題は、一九七〇年の三島由紀夫事件の裁判でも議論された。三島を介錯した森田必勝《まさかつ》は、自らも三島に殉じて切腹したため訴追にはならなかった。その森田を介錯した古賀浩靖は自殺幇助の罪に問われた。古賀は日本の武士の作法であると主張したものの、認められなかった。私は三島の思想にも行動にも賛成しないが、この主張には賛成する。

自殺幇助罪は、平凡な庶民の〝終活〟にも関係してくる。安楽死である。現在日本で合法なのは、死が目前に迫り苦痛も甚しい場合に延命治療を拒否する尊厳死だけである。それ以上の安楽死は認められていない。それでも安楽死を望むなら、体力や手段の関係上、他人の協力すなわち幇助者が必要となる。しかし、幇助者には大きな迷惑がかかる。私自身、老親の看取りに際し大いに悩まされ、次は自分の番だと実感した。

三島由紀夫が中央公論新人賞の選考委員だった時、強い衝撃を受けたのが深沢七郎の『楢山節考《ならやまぶしこう》』である。近代的生命観とは無縁の世界に住む老母の自決を描いた作品であった。生命絶対主義に暗い一撃を与えたのだ。

（二〇一八・五・十八）

［補論］

安楽死に関する司法判断としてよく言及されるのが、一九六二年の名古屋高裁の判例である。そこでは安楽死に次の六条件を満たすことが求められている。

一、回復の見込みがなく死の直前であること。
二、患者に耐えがたい苦痛があること。
三、患者の苦痛からの解放が目的であること。
四、患者が明確な自発的意志で安楽死を求めていること。
五、医師の手によること。
六、倫理的に妥当な方法によること。

きわめて厳格な条件が課せられており、半面、この判例に従えば安楽死が可能であることもあまり知られていない。現実には誠実な医師によって六条件を満たす安楽死が行なわれている可能性はある。患者のプライバシーに属することなので、事件化されなければ公表されず、世人も知らない。

判例という消極的な拘束力しか持たない司法判断ではなく、積極的な立法が望まれる。

誇らしくない民族名

二〇一八年五月九日、北朝鮮に拘束されていた三人のアメリカ人が解放された。先行きには不安がありすぎるけれど、まずは明るいニュースだ。

この三人、少し前の先行報道ではただアメリカ人とだけしか分からず、漠然と白人、あるいは黒人だろうと思っていたが、三人とも朝鮮系アメリカ人だった。実業家だったり研究者だったりで、米国籍を有しつつ北朝鮮で仕事をしていたらしい。いずれもなかば冤罪で拘束された。名前は、キム・ドンチョル、キム・サンドク、キム・ハクソン。いずれも朝鮮名である。

各紙一斉に報じた中、興味深かったのは、朝日新聞と産経新聞とで名前の表記法が違っていたことだ。朝日は、キム・ドンチョルなど姓・名の順、産経は、ドンチョル・キムなど名・姓の順。

一般に東洋人は姓・名の順、欧米人は名・姓の順である。ただ、この三人は国籍

nationalityはアメリカ人、民族ethnicは朝鮮人であるから、両様の表記になった。朝日が民族派、産経がアメリカ派、てことはないだろう。だって、両紙とも他の記事では、不統一だから。

ヨーロッパでもハンガリー人は東洋系であるためか、姓・名の順である。著名な作曲家バルトークは、祖国ではバルトーク・ベラ、英米などではベラ・バルトーク、東洋である日本でも英米式でベラ・バルトークだ。朝日でも産経でも同じである。

しかし、こんな矛盾も起きる。ヤーノシュ・シュタルケルは、ハンガリーのチェリストだ。ここでは名・姓の順である。バルトークと並ぶ作曲家コダーイに、伝説上の人物を描いた組曲『ハーリ・ヤーノシュ』がある。このチェロ部をシュタルケルが演奏したとしよう。『ハーリ・ヤーノシュ』をヤーノシュ・シュタルケルが演じることになる。『西郷隆盛』を輝彦西郷が演じるようなものか。あるいは『湯川秀樹』を秀樹西城が歌うようなものか。

姓・名か名・姓かは、このように複雑で、正解は出しにくい。キム・ドンチョルが民族の誇りを持ち、ドンチョル・キムが欧米迎合主義者だとは言えないのだ。

しかし、朝鮮人名の英語表記には重大な問題がある。今回は一つだけ取り上げよう。

韓国の最近三代の大統領名は次の通りである。

・文在寅《ぶんざいいん》（ムン・ジェイン）
・朴槿恵《ぼくきんけい》（パク・クネ）
・李明博《りめいはく》（イ・ミョンバク）

日本語読みの場合、漢音・呉音の別もあるし、朝鮮語読みの場合、連音や連濁《れんだく》（さらに広義の音便）の問題もあるが、それはさておく。

英語表記が恣意的で目茶苦茶で、しかも欧米迎合的なのだ。

・文在寅　Moon Jae-in
・朴槿恵　Park Geun-hye
・李明博　Lee Myung-bak

下の名前も奇妙だが、姓がひどい。MoonだのParkだのLeeだの、全部英米人名ではないか。しかも、Leeでどうやってイと読むのか。

かつて日本統治時代、朝鮮人は固有の民族名を奪われ日本名を強制されたとされる。この説には大きな疑問符が付くのだが、民族名を英米人風に書き換えて得意気なのは、どういう心理なのだろうか。

（二〇一八・六・一）

［補論］

日本における朝鮮人名の朝鮮語読み強制にもおかしなものが多い。全然朝鮮語読みではないものを民族の誇りとして押しつけている。

韓国で長く大統領の座につき、強権的政治をしながら、今では再評価されつつあるのが朴正熙である。在世当時は「ぼく・せいき」と読んでいたが、朝鮮語読み強制の風潮の中で「パク・チョンヒ」と読むようになった。滅茶苦茶である。朝鮮語読みなら「パク・チョンギ」である。詳しい説明は省くが、フランス語におけるリエゾン（連音）現象と同じで、発音しなかった音が出現する。

韓国から来日した歌手に李成愛がいる。「り・せいあい」でいいではないか。歌謡ショーなどでは、司会者が「イ・ソンエさんです」と紹介し、登場した李成愛が「今晩は、イ・ソンゲです」と名乗る。もちろん朝鮮語では「イ・ソンゲ」である。ハングルとは文字のことだから、ハングルでは「イ・ソンエ」だけど。

本書は、『週刊ポスト』（2016年2月12日号〜18年6月1日号）の連載コラム50本と、他媒体に掲載された5本の原稿に加筆修正したものです。

呉 智英〔くれ・ともふさ〕
1946年、愛知県名古屋市生まれ。早稲田大学法学部卒業。知識人論やマンガ論などの分野で執筆活動を展開。日本マンガ学会理事。主な著書に『バカにつける薬』『健全なる精神』『危険な思想家』『現代マンガの全体像』『現代人の論語』『つぎはぎ仏教入門』『真実の名古屋論』など。

編集：酒井裕玄

日本衆愚社会

二〇一八年 八月八日 初版第一刷発行
二〇一八年 九月二日 第二刷発行

著者 呉 智英
発行人 飯田昌宏
発行所 株式会社小学館
〒一〇一－八〇〇一 東京都千代田区一ツ橋二ノ三ノ一
電話 編集：〇三－三二三〇－五九五五
販売：〇三－五二八一－三五五五

印刷・製本 中央精版印刷株式会社

Printed in Japan ISBN978-4-09-825332-6